校训的故事

《核心价值观的故事》丛书

袁祥　周立文 ◎ 主编

光明日报出版社

《核心价值观的故事》丛书编委会

林语堂说："文章有味，大学亦有味。味各不同，皆由历史沿袭风气之所造成，浸润熏陶其中者，逐染其中气味。"校训，恰恰是这种"味"的高度浓缩，是师生员工在精神传承和价值认同上的"最大公约数"。校训的寥寥数语，传承的是学问和为人之道，弘扬的是人的境界与追求。

把核心价值观宣传放在核心位置

——《核心价值观的故事》丛书序言

光明日报总编辑　何东平

　　《核心价值观的故事》丛书收录的是党的十八大以来光明日报有关家风家教、校训校风、乡贤文化、地名文化以及核心价值观百场讲坛的报道和文章，展示的是光明日报坚持不懈、不断创新的核心价值观宣传成果，更重要的是体现了光明日报这几年来一直秉持和坚守的"把核心价值观宣传放在核心位置"的办报理念。

　　为国家立心，为民族铸魂。十八大以来，党中央大力推进、持续深化社会主义核心价值观培育和弘扬，"在人的心灵里搞建设"，彰显出日益强劲的中国精神、中国价值、中国力量，托举起跨越百年的光辉梦想——中华民族伟大复兴中国梦。

　　"把核心价值观宣传放在核心位置"的办报理念正是建立在以习近平同志为总书记的党中央建设社会主义核心价值观新理念新实践基础之上的，是来源于对中国人民价值观自信自觉自立、坚信坚持坚守的感染、感动和感奋之中的。

　　作为一份主要面向知识分子的中央主要媒体，思想文化宣传是光明日报的神圣职责。我认为：思想文化宣传的特点，是以价值观作为总开关，要有成功的思想文化宣传，先得有成功的核心价值观宣传。

　　基于这一认识，十八大以来，我们紧跟党中央推进和深化社会主义核心价值观建设的新理念新实践，将创新社会主义核心价值观宣传作为创新思想文化宣传工作的重点，始终把核心价值观宣传放在核心位置，坚持广覆盖、融媒体、全栏目推进核心价值观宣传，坚持深入挖掘优秀传统文化，以文化传播和滋养核心价值观，坚持深入发掘好故事、生动讲述好故事，以先进典型弘扬和引领核心价值观，使核心价值观宣传好看、耐看，使核心价值观更好地走进人们的心灵。

一、广覆盖融媒体全栏目推进核心价值观宣传

社会主义核心价值观建设是面向全社会、全体公民的，必须落实到各个领域各个方面，与此相对应，创新社会主义核心价值观宣传报道，就要做到全方位推进、全领域覆盖。十八大以来，光明日报坚持不懈地在广覆盖、融媒体、全栏目上下功夫，开展了多个重大主题活动，推出了多个重点栏目，刊发了一系列重要报道和文章，从不同角度、不同层面弘扬社会主义核心价值观，实现了高密度、广覆盖、强效果的传播。

（一）广覆盖宣传核心价值观

2014年以来，光明日报开展了"家风家教大家谈"征文活动、"礼敬中华优秀传统文化"活动，推出了《校训的故事》《新乡贤·新乡村》《企业精神寻访录》《品牌背后的故事》《三严三实·我们这样做》《培育和践行社会主义核心价值观·干部担当》等专栏，实现了培育和践行社会主义核心价值观在家庭、学校、农村、企业、机关等领域宣传报道的全覆盖。

光明日报还综合运用新闻报道、理论评论、诗歌散文等多种形式宣传核心价值观，实现了核心价值观宣传体裁样式的广覆盖。光明日报在一版头条位置推出的《让道德成为市场经济的正能量》《君子文化与社

会主义核心价值观》等"光明专论"，紧扣核心价值观的重大思想理论问题进行论述，在众声喧哗的舆论环境中发出主流声音，在思想观点的交锋中倡导主流价值，强化人们对培育和践行社会主义核心价值观的认知认同，产生了很大的社会影响。

（二）融媒体报道核心价值观

光明日报积极调动各种新闻元素，充分运用多媒体手段，务求在核心价值观宣传入脑入心上取得实效。

在中宣部的指导下，光明日报与中国人民大学、中国伦理学会合作开展了"核心价值观百场讲坛"活动，2016年起，中宣部宣教局和光明日报联合开展这项活动，通过整合报纸、网站、微信、微博和客户端，以一流专家和践行核心价值观典范演讲、报社内不同终端融合、与兄弟媒体合作宣传的方式，立体传播社会主义核心价值观。目前已开展了36场活动，现场聆听近两万人，收看节目网民近1亿人次，800多万网民参与交流互动。

2014年9月，光明日报推出了《培育和践行社会主义核心价值观·百家经验》专栏。光明网同步推出"百家经验"主题页面和报道专区，配发大量图片和微视频，并在首页重点推介。光明日报法人微博发起"百家经验·我们的价值观"话题，与微友互动交流。不同媒介的报道形成了整合传播效果，融媒体传播方式有效拉近了"百家经验"与受众的距离。

（三）全栏目传播核心价值观

光明日报通过不同内容层次、不同刊发频率专栏的合理搭配，实现了核心价值观宣传的全栏目融入。《培育和践行社会主义核心价值观》是光明日报的一个常设栏目，从2012年底推出以来，已刊发160多篇报道。2015年以来，光明日报还立足自身特色，精心策划推出了《地名的故事·那些历史那些乡愁》《我的座右铭·当代国人的修身故事》《新邻里·新民风》等一批产生广泛影响的核心价值观宣传原创专栏。同年4月30日，在五一劳动节前夕，光明日报策划推出了《劳模家书》专栏报道，生动讲述劳模家书背后的感人往事，呈现劳模的内心世界、美好情怀，抒写广大劳模"爱岗敬业、争创一流，艰苦奋斗、勇于创新，淡泊名利、甘于奉献"的崇高精神和价值追求，唱响了劳动光荣、创造伟大的时代强音。

二、以文化传播和滋养社会主义核心价值观

培育和践行社会主义核心价值观是一项系统工程，其中一个重要方面就是依靠文化的滋养，并通过文化来传播。光明日报的特色在文化、优势在文化。我们立足自身特色和定位，在社会主义核心价值观宣传报道中突出文化特色，突出文化内涵，通过文化的滋养和催化，使核心价值观宣传报道直指人心。

（一）发掘中华优秀传统文化，深耕厚培当代价值。

中华优秀传统文化蕴含着丰富精神价值、深厚的道德资源，光明日报从中发掘符合当今时代需要的思想价值，深耕厚培当代价值。

家庭是德行培育和文化传承的第一驿站，家风家教具有优先、初始的文明和文化意义。光明日报与中央电视台开展的"家风家教大家谈"征文，上通文脉、下接地气，激发了众多读者对家风家教文化内涵的深入探寻，唤醒了广大民众对家风家教文化育人的美好记忆。

乡贤文化是中华文化的宝贵资源，蕴含丰富的人文道德力量。光明日报推出的《新乡贤·新乡村》系列报道深入挖掘浙江、广东、湖南等地传承乡贤文化、进行乡村治理的新鲜故事与经验，刊登的专家学者访

谈和专论，深刻阐释了乡贤文化对传播和滋养核心价值观的重要意义。这一报道得到中央领导同志的充分肯定。在中央领导重视和中宣部推动下，现在各地呈现出宣传推崇新乡贤、继承创新乡贤文化、滋养弘扬核心价值观的热潮。

（二）提炼不同领域文化内涵，与核心价值观交集共振

十八大以来，光明日报深入研究家风文化、校训文化、乡贤文化、企业文化、邻里文化和地名文化，开掘和提炼其中与社会主义核心价值观相贯相通的精神价值，通过《校训的故事》《新乡贤·新乡村》《品牌背后的故事》《新邻里·新民风》《地名的故事·那些历史那些乡愁》等专栏专题系列报道，传播和弘扬这些领域文化中蕴含的高尚精神追求和崇高价值理念，使不同领域文化内容与核心价值观形成交集和共振，很好地促进了核心价值观入脑入心。

2014年4月，光明日报推出了《校训的故事》专栏报道，通过阐发校训的由来、传承和发展，讲述知名大学校训背后的故事和优秀校友成长的历程，展现了校训蕴含的精神追求和文化特质，凝聚了广大师生的价值认同。刘奇葆同志到光明日报调研时，对《校训的故事》专栏给予充分肯定，并要求发挥校训对传播和涵养核心价值观方面的作用，让校训成为广大师生的行为规范和学校的优良风气。按照奇葆同志指示，光明日报进一步推出"校训的故事·忆述""校训文化专家谈""校训传播核心价值观·寻思录""校训的故事·开学第一课"等新系列，使校训报道更加丰满、更加生动，并随后与中宣部、教育部一起，成功举办了"大学校训传播社会主义核心价值观"研讨会。

2015年3月，光明日报与民政部区划地名司合作推出了"地名的故事·那些历史那些乡愁"系列报道，寻访地名流变背后的乡愁故事，追踪地名乱象治理的经验得失，探讨地名文化建设的思路和对策，很好地传播了地名文化知识，弘扬了社会主义核心价值观，受到广泛关注。

三、讲好故事，用先进典型弘扬和引领核心价值观

先进人物、先过典型犹如一面镜子，其言行故事蕴藏着砥砺人心、烛照时代的精神力量。十八大以来，光明日报致力于发现和发掘并生动讲述有光明日报特色的"中国故事"。光明日报特色的"中国故事"，主要是一批典型人物和他们的精彩故事，是一批中国知识分子爱国奉献、创业创新的故事，是一批文化和文化人的故事，其中很多成为时代楷模、道德模范，入选"感动中国人物"。这些人物、这些故事充分展现了中国人民真善美的精神世界、道德力量，传播和弘扬了社会主义核心价值观。

（一）发掘典型人物的当代价值，讲富于时代气息的好故事

在典型人物报道中，光明日报注重站在党和国家工作大局，把握时代变革与发展的大主题，发掘典型人物身上道德品质、人生追求的当代价值，讲富于时代气息的好故事。

十八大以来，全面推进从严治党、大力反腐倡廉成为党和国家的重要工作。2015年2月6日，光明日报在副刊《光明文化周末》以整版篇幅，刊发纪实散文《一位财政部长的两份遗嘱》，讲述了已经去世10年的财政部原部长吴波廉洁自律的故事，在反腐倡廉的形势下，向人们呈现了一个共产党人应有的高尚形象。文章被多家主流网站转载，得到多个有影响力微信公号的推送。当年两会期间，中央新闻单位随即对吴波的先进事迹进行了集中报道，淡泊名利、克己奉公的"吴波精神"一经传

播,立刻赢得众口称赞。

（二）以发现的眼光和关爱的情怀,讲述普通人不平凡的故事

　　光明日报推出的很多典型人物,都是记者在深入基层中发现的。为了一个典型人物的报道,光明日报的记者可以连续几年跟踪关注,持续数月贴身采访,再花几周打磨成稿。秉承这种向广度和深度不断拓展的理念,光明日报逐渐形成了以"发现的眼光和关爱的情怀"来讲述核心价值观故事的特色思路。

　　2014年5月29日,光明日报一版头条刊发《在泥土中,叩问生命的意义——记时代楷模、农业科学家赵亚夫》。光明日报记者、"范长江新闻奖"获得者郑晋鸣在基层蹲守、深入采访的基础上,报道了农业科学家赵亚夫53年扎根农村,从扶贫式开发到致富式开发再到普惠式开发,用自己独特的"三部曲"创新"三农"发展模式,带领村民走上新型农业小康之路的故事。赵亚夫身上的担当和"探路人"气质,感染和鼓舞了很多人,被誉为"点燃大地的活雷锋",并获得"时代楷模"的称号。2014年底,习近平总书记在江苏考察时,深入镇江市世业镇先锋村农业园调查了解现代农业发展情况,同赵亚夫同志进行了亲切交谈,赞扬他做给农民看、带着农民干、帮助农民销、实现农民富,赢得了农民群众爱戴,"三农"工作需要一大批这样无私奉献的人。

（三）让典型有"烟火气""人情味",讲人类共通情感的好故事

　　在典型人物报道中,光明日报不求高大完美,而求可亲可信,将注意力更多地投向普通人的悲欢离合、命运变迁,挖掘先进典型身上的"烟火气""人情味",讲人类共通感情的故事,让不同的人群在潜移默化中接受和认同社会主义核心价值观。

　　2013年6月17日,光明日报一版头条刊发通讯《听油菜花开的声音》，报道农民沈昌健一家 35 年前赴后继、矢志不渝培育超级杂交油菜的故事。记者把沈昌健、沈克泉父子还原到现实生活中，在矛盾冲突中展现人物的追求，讲述他们在没有任何经济回报情况下，经历一次又一次的实验失败，承受各种冷嘲热讽，全力培育杂交油菜的经历。报道依靠细节和情节呈现人物的内心世界，生动展示了中国梦与普通人的深刻关联。多家媒体特别是网络媒体跟进报道，"油菜花父子"成为 2013 年"感动中国人物"。在有关这篇报道一个的报告上，中央领导批示"讲好故事事半功倍"。

四、对创新社会主义核心价值观宣传的思考

核心价值观宣传是光明日报新闻报道的一大亮点和核心竞争力。总结十八大以来光明日报在核心价值观宣传方面的创新探索，可以得到以下启示：

（一）核心价值观宣传要顺应大势主动融入全党工作大局

2013 年 8 月 19 日，习近平总书记在全国宣传思想工作会议上强调，宣传思想工作一定把围绕口心、服务大局作为基本职责，胸怀大局、把握大势、着眼大势，找准工作的切入点和着力点，做到因势而谋、应势而动、顺势而为。核心价值观的宣传也必须顺应大势，主动融入全党工作大局，掌握好时、度、效，这样才能达到理想的传播效果。这些年，光明日报在核心价值观报道中注重紧密联系全党工作大局，同时注意结合当代受众的思维习惯、接受心理，发现、发掘生动感人的典型，讲述和描写内涵丰厚的故事，设置和聚焦具有浓郁文化特色的话题和议题，从而激发受众情感共鸣、达成社会共识。如在中央全面从严治党、深入反腐倡廉的大形势下，光明日报推出财政部原部长吴波廉洁自律的感人

报道，契合了公众对共产党人应有形象的期待，取得了很好的宣传效果。在大众创业、万众创新风起云涌之际，讲述沈昌健父子不畏艰辛、创业创新的故事，生动展现了"油菜花父子"的"中国梦"，产生"事半功倍"的宣传效果。同样，家风家教、校训校风、座右铭、乡贤文化、地名文化、邻里文化系列报道之所以产生广泛的传播力和影响力，原因也正在于此。

（二）把讲好故事作为增强核心价值观宣传吸引力感染力的重要手段

中央领导"讲好故事事半功倍"的批示，为新闻媒体增强核心价值观宣传的吸引力感染力指出了一条有效途径。我认为：讲故事区别于讲道理。讲道理是宣传的内核，如果没有包装，内核就会陷于抽象。而讲故事，是再现具象元素、使受众进入生动场景的方法，是使讲述内容与受众最贴近的方法。光明日报的核心价值观宣传注重讲故事，在典型人物报道中，突出以人们共通的情感和价值追求为出发点讲述故事，让读者读起来"感同身受"。两年多来，光明日报又在努力讲文化和文化人的故事，通过讲故事的方式，深入挖掘优秀传统文化当代价值，传播和滋养核心价值观，显示了很强的吸引力、感染力、传播力、引导力。

（三）适应媒体格局变化大势不断创新核心价值观传播方式

随着互联网尤其是移动互联网的发展，人们的注意力已发生大规模的迁移，"两微一端"等新兴媒体日渐成为人们获取信息的重要渠道。核心价值观的宣传必须适应这种变化，创新传播方式，做到人在哪里，阵地就拓展到哪里。光明日报注重以融媒体方式宣传核心价值观，在"核心价值观百场讲坛"活动中，充分发挥各媒介特性，让各种媒体融会互动，产生传播场的化学反应，使每一场活动都形成一个融媒体产品，取得了优良的传播效果。"核心价值观百场讲坛"现已成为"宣传社会主义核心价值观的标杆性活动"，得到刘云山、刘奇葆等中央领导的充分肯定。这给我们一个启示，媒体融合发展是宣传思想文化工作创新和核心价值观宣传创新的重大任务，要把核心价值观宣传创新和媒体融合发展紧密结合起来，在网上和社交媒体上唱响社会主义核心价值观的主旋律。

2016 年新春伊始，习近平总书记在北京主持召开党的新闻舆论工作座谈会并发表重要讲话，高屋建瓴地提出新闻媒体"高举旗帜、引领导向，围绕中心、服务大局，团结人民、鼓舞士气，成风化人、凝心聚力，澄清谬误、明辨是非，联接中外、沟通世界"的职责和使命。光明日报要牢记这些职责和使命，继续坚持把核心价值观宣传放在核心位置，进一步深化和强化党中央推进社会主义核心价值观建设的战略部署和宏伟实践的宣传报道，进一步用文化传播和滋养社会主义核心价值观，进一步发掘好讲述好核心价值观的故事，为使社会主义核心价值观"像空气一样无所不在、无时不有"，成为"百姓日用而不觉的行为准则"，为支撑起公民的精神高度和社会的文明程度，为构建"一个民族赖以维系的精神纽带"和筑牢"一个国家共同的思想道德基础"贡献应有的力量。

为国家立心 为民族铸魂

——十八大以来党中央推进和深化 社会主义核心价值观建设纪实

  每个走向复兴的民族，都离不开价值追求的指引；每段砥砺奋进的征程，都必定有精神力量的支撑。

  这种追求，虽百折而不挠；这种力量，"最持久最深沉"。

  正如习近平总书记所言："人民有信仰，民族有希望，国家有力量。"

  为国家立心，为民族铸魂。十八大以来，党中央大力推进、持续深化社会主义核心价值观培育和弘扬，"在人的心灵里搞建设"，久久为功，驰而不息。

  以马克思主义科学理论为指导，以当代中国社会主义实践为基石，以历久弥新的优秀传统文化为滋养，强基固本的灵魂工程建设，凝聚起社会共识的"最大公约数"，彰显出日益强劲的中国精神、中国价值、中国力量，托举起跨越百年的光辉梦想——中华民族伟大复兴中国梦。

（一）提炼、提升、提振
——寻找"一个民族赖以维系的精神纽带"，筑牢"一个国家共同的思想道德基础"

2012 年 11 月 29 日，国家博物馆。

面对"复兴之路"展览呈现的壮阔历史，习近平总书记郑重提出"中国梦"，并庄严承诺："到中国共产党成立 100 年时全面建成小康社会的目标一定能实现，到新中国成立 100 年时建成富强民主文明和谐的社会主义现代化国家的目标一定能实现，中华民族伟大复兴的梦想一定能实现。"

黄钟大吕之音，富民强国之情。

在举国热望与世界瞩目中，以习近平同志为总书记的党中央带领中国人民开始了又一段壮阔航程。

然而，这艘扬帆航行的巨轮，面对的并非"潮平两岸阔"。在纷繁复杂的国际国内形势面前，能够充当"压舱石、定盘星"者，唯有坚若磐石的核心价值观。

从习近平总书记一次次语重心长的论述中，可以窥见党中央对核心价值观作用的清醒认识——

"核心价值观，承载着一个民族、一个国家的精神追求，体现着一个社会评判是非曲直的价值标准。""核心价值观是一个民族赖以维系的精神纽带，是一个国家共同的思想道德基础。如果没有共同的核心价值观，一个民族、一个国家就会魂无定所、行无依归。"

倡导富强、民主、文明、和谐，倡导自由、平等、公正、法治，倡导爱国、敬业、诚信、友善。党的十八大报告提出的"三个倡导"，明确了社会主义核心价值观的基本内容，中华民族在新时代的精神旗帜昂然树起。

三年来，无论治国理政事务如何繁杂，以习近平同志为总书记的党中央始终把推进社会主义核心价值观建设视作重大战略二程，毫不松懈。

提高国家文化软实力；培育和弘扬社会主义核心价值观、弘扬中华传统美德；中华民族爱国主义精神的历史形成和发展——中央政治局集体学习中，第十二次、第十三次、第二十九次的主题均与核心价值观建设紧密相关。社会主义核心价值观的要义、内涵、作用等，在治国者们的学习与讨论中愈加清晰。

2013 年 12 月，中共中央办公厅印发《关于培育和践行社会主义核心价值观的意见》，明确提出：以"三个倡导"为基本内容的社会主义核心价值观"是我们党凝聚全党全社会价值共识作出的重要论断""为培育和践行社会主义核心价值观提供了基本遵循"，并全面阐述了培育和践行社会主义核心价值观的意义、原则、途径和方法，对这一"铸魂工程"作出了新的战略部署。

"用共同理想信念凝聚民族意志，用中国精神激发中国力量，动员全体中华儿女共同创造中华民族新的伟业。"正如习近平总书记在庆祝中华人民共和国成立 65 周年招待会讲话中指明的那样，提炼并确立社会主义核心价值观基本内容，提升理想信念、价值取向在国家治理中的层次地位，提振全体社会主义建设者的进取信心，新一届党中央精准发力，用非凡的中国精神凝聚起强大的中国力量。

（二）自信、自觉、自立
——抓住价值观自信这个"关乎民族精神独立性的大问题"，
以传统文化涵养核心价值观，抵御错误思潮侵扰

2012 年 11 月 17 日，十八届中共中央政治局第一次集体学习。

"理想信念就是共产党人精神上的'钙'，没有理想信念，理想信念不坚定，精神上就会'缺钙'，就会得'软骨病'。"新一届中央领导集体如何带领全国民众，坚持和发展中国特色社会主义？习近平总书记给出的答案之一，是"坚定理想信念"。

理想信念是价值观的核心要素。对理想信念的坚信、坚持与坚守，源自内心价值观的自信、自觉和自立。

精当表述背后，是党中央对价值观问题的长久思考与不懈求索。正如中共中央政治局常委、中央书记处书记刘云山多次强调的那样，增强价值观自信"是关乎民族精神独立性的大问题"，"有自信才会有自觉，有自信才会有清醒，有自信才会有定力"。

对自身的价值观信心坚定，方可始终保持对中国特色社会主义的道路自信、理论自信、制度自信、文化自信。

价值观并非无本之木，而是有根有源；自信并非凭空而来，实为有理有道。

我们的价值观，根源自马克思主义科学理论指导下凝聚的"胆气"——

党的十八大以来，马克思主义中国化理论创新成果喜人，进一步增强了我们的价值观自信。

我们的价值观，根源自中国特色社会主义实践伟大成就奠定的"底气"——

中国作为世界经济"火车头"的地位仍然稳定，经济"新常态"下备感艰辛却砥砺前行的三年，验证着中国特色社会主义道路的正确方向。"这条道路既不是'传统的'，也不是'外来的'，更不是'西化的'，而是我们'独创的'，是一条人间正道。"习近平总书记的话语充满了力量，揭示了这条道路的独特魅力。

我们的价值观，根源自中华传统文化滋养的"志气"——

"中国人独特而悠久的精神世界，让中国人具有很强的民族自信心，也培育了以爱国主义为核心的民族精神。""中华优秀传统文化是中华民族的精神命脉，是涵养社会主义核心价值观的重要源泉，也是我们在世界文化激荡中站稳脚跟的坚实根基。"习近平总书记多次阐明传统文化与核心价值观之间的关系，并通过考察曲阜孔府、过问贵州孔子学堂办学情况、了解《儒藏》编纂等不断提醒国人：传统中有我们的精神基因，文化中有民族的志气底蕴。

一手"培土夯基"，稳固传统文化之根基，以中华优秀传统文化涵养社会主义核心价值观。

倡导优良家风。"不论时代发生多大变化，不论生活格局发生多大变化，我们都要重视家庭建设，注重家庭、注重家教、注重家风，紧密结合培育和弘扬社会主义核心价值观，发扬光大中华民族传统家庭美德。"2015年除夕来临之际，习近平总书记在春节团拜会上特意强调。家教家风成为推进社会主义核心价值观落地生根的重要抓手。2016年1月1日实施的《中国共产党廉洁自律准则》中，"廉洁齐家，自觉带头树立良好家风"上升为党员领导干部的基本要求。

培育乡贤文化。乡贤文化是中国君子文化的典型代表，它根植乡土，蕴含着见贤思齐、崇德向善的力量。十八大以来，各地既重"古贤"又重"今贤"，重构乡村本土文化，敦厚民心民风，激励向上向善，有力促进了社会主义核心价值观在乡村扎根。

重视传统节日。十八大以来，由中宣部、中央文明办主办的"我们的节日"主题活动秉承"长中国人的根、聚中国人的心、铸中国人的魂"宗旨，以民族传统节日为契机弘扬中华优秀传统美德，让传统节日成为爱国节、文化节、道德节，情感节、仁爱节、文明节，彰显了节日文化内涵，树立了节日新风。

一手"拨云见日"，破除错误思潮之迷障，在西方价值观攻势面前岿然不动。

社会主义核心价值观的每个关键词，既根源于中华优秀传统文化，又充分吸取了现代人类文明的优秀思想，"实际上回答了我们要建设什么样的国家、建设什么样的社会、培育什么样的公民的重大问题"，与西方价值标准有着清晰分野——

"富强、民主、文明、和谐"的国家价值目标，与"五位一体"总体布局紧密联系，彰显了中国特色社会主义的广阔前景；

"自由、平等、公正、法治"的社会价值取向，与国家、公民两个层面上下衔接，是推进社会治理创新的根本遵循；

"爱国、敬业、诚信、友善"的公民价值准则，外化为道德建设与行为准则，体现了社会文明水准与国家精神风貌。

坚定的价值自信，扎根于中华大地。任尔千磨万击，不惧狂风乱吹。

（三）落细、落小、落实

——使社会主义核心价值观"像空气一样无所不在、无时不有"，成为"百姓日用而不觉的行为准则"

认识的深化与升华，带来行动的提升与飞跃。党的十八大以来，社会主义核心价值观弘扬与践行更重顶层设计、更富内在驱动，渗透到治国理政各个环节，浸润于社会生活方方面面，尽显其"为益之大，收功之远"。

2015 年 9 月 3 日，中国人民抗日战争暨世界反法西斯战争胜利 70 周年纪念大会阅兵现场。

300 余名抗战老兵组成的乘车方队率先经过天安门城楼。苍苍白发，熠熠勋章，微微颤抖的军礼表达着对祖国强盛的敬意。掌声如潮水般涌起，泪水模糊了无数双眼睛。

2015年12月13日，南京大屠杀死难者国家公祭仪式在南京市侵华日军南京大屠杀遇难同胞纪念馆举行。这是2014年2月底全国人大以立法形式将12月13日设立为南京大屠杀死难者国家公祭日之后，我们第二次以国之名悼念逝者。首个公祭日，习近平总书记出席公祭仪式并发表重要讲话。

"爱国"，世人深知这份情感的可贵。十八大以来，以习近平同志为总书记的党中央高扬爱国主义旗帜，把弘扬伟大的爱国主义精神作为核心价值观建设极为重要的任务贯穿到国民教育和精神文明建设全过程，利用各种时机和场合，生动传播爱国主义精神，引导人们"树立和坚持正确的历史观、民族观、国家观、文化观，增强做中国人的骨气和底气"。

2014年12月4日，首个国家宪法日，最高人民法院。

"忠于祖国，忠于人民，忠于宪法和法律，忠实履行法官职责，恪守法官职业道德，遵守法官行为规范，公正司法，廉洁司法，为民司法，为维护社会公平正义而奋斗！"40余名来自最高法和地方法院的模范法官面向宪法和国旗庄严宣誓。

此前一个多月，十八届四中全会通过《中共中央关于全面推进依法治国若干重大问题的决定》，开启了中国法治新时代。

此后，党中央秉持"依法治国和以德治国相结合"原则，一面健全有效防范和及时纠正冤假错案的工作机制，重铸法治底线，一面把核心价值观融入法治建设，用善法良策的刚性约束有力支撑核心价值观建设，强化人们的道德判断力和道德责任感。

2016年1月3日，北京朝阳区人民法院通过媒体公布269名"老赖"

名单，限制他们进行高消费，某歌手赫然在列。1月4日，法院执行法官即收到该歌手的还款彩信凭证。

十八大以来，在党中央指导和推动下，有关部门针对群众反映强烈的突出问题进行专项整治，用反面典型警示人，把歪风邪气压下去。"两高"出台打击网络谣言的司法解释，一批网络"大谣"认罪服法；中央文明委印发《关于推进诚信建设制度化的意见》，通过曝光、限制高消费等一系列举措打击各种"老赖"行为，有效遏制了不诚信现象蔓延。

社会主义核心价值观的弘扬与践行，无所不在，无处不有。2015年4月，中央宣传部、中央文明办印发《培育和践行社会主义核心价值观行动方案》，分解出30多项重点任务。按其部署，核心价值观"融入经济社会发展，融入人们生产生活，融入家庭家风家教"，富有实效的创新手段不断涌现。

一方面抓好重点人群，稳固核心价值观的根与魂。

"打铁还需自身硬"，领导干部这个"关键少数"必须成为践行社会主义核心价值观的先行者、好样本。八项规定、群众路线教育实践活动、"三严三实"专题教育、"打虎拍蝇"……一系列举措显著净化了政治生态，党员领导干部带头走正路、干正事、扬正气，有效激发了全社会崇德向善的正能量；"人生的扣子从一开始就要扣好"，核心价值观培育从少年儿童抓起，从青年学生抓起，融入国民教育全过程，为未来整个社会的价值取向夯基垒土。

一方面注重全面覆盖，放大凡人善举、平凡英雄的光与热。

全国道德模范评选、时代楷模发布、感动中国人物表彰，"身边好人""寻找最美"……三年来，舍己救人的"最美教师"张丽莉，捐资助学、扶贫济困的将军夫人龚全珍等无数道德灯塔在全国挺立，照亮了整个社会的价值星空。道德模范形成了强大的示范效应，学雷锋、志愿服务在大江南北蔚然成风，与文明城市、文明村镇、文明单位、文明家庭、文明校园等创建活动同频共振。善行河北、安徽好人、感动浙江……从一个身边好人的凡人善举，到一群道德模范的身先士卒；从一座城市的好人频出，到一个社会的崇德尚善。细水长流的日常熏陶，使人们从心底迸发出对善的敬重、对美的向往，成为这个时代最引人瞩目的精神力量。

一项项治理举措扎实有力，一个个道德痼疾得以疗治。三年来，社会风气发生潜移默化的变化，时代精神风貌开始逐步重塑。高远的价值追求在切近的现实生活中扎下根须，旺盛生长，支撑起公民的精神高度和社会的文明程度。

（四）交流、交融、交汇
——从世界多彩文明中汲取丰富营养，为人类共同价值贡献东方智慧

1月21日，在对伊朗进行国事访问之际，习近平署名文章《共创中伊关系美好明天》见诸《伊朗报》。饱含历史与情感的文字，尽显今日中国敞开怀抱、文明互鉴的真诚心愿。

今日中国，携5000年悠久文明精髓对接全新时代。"一带一路"构想赢得60多个国家响应，亚洲基础设施投资银行成功开业，加入上百个政府间国际组织，签署300多个国际公约，在亚太经合组织、上海合作组织、二十国集团、金砖五国等重要多边合作机制中担任重要角色。随着朋友圈越来越大，我国提出的"亲诚惠容"等外交理念深入人心，以合作共赢为核心的新型国际关系构建有力，打造人类命运共同体、责任共同体、利益共同体的倡导引起广泛共鸣。

以习近平同志为总书记的党中央引领当代中国，以新的理念新的姿态健步走向世界舞台中央。

2015年9月28日，纽约联合国总部。

"'大道之行也，天下为公。'和平、发展、公平、正义、民主、自由，是全人类的共同价值，也是联合国的崇高目标。目标远未完成，我们仍须努力。"习近平出席第七十届联合国大会一般性辩论并发表重要讲话。

掌声如潮，经久不息，传递着世界各国对中国领导人倡导"全人类共同价值"，坚持多边主义、奉行多赢共赢新理念的高度肯定。

"全人类共同价值"，是对"人类命运共同体"在思想理念层面的深度挖掘，是对世界各国自觉奉行的价值准则的高度概括。它反映着世界最广大民众的价值理想、价值愿望和价值追求，是人类处理各类关系的共同准则。

但是，"全人类共同价值"不是西方所谓的"普世价值"——

"普世价值"是和"普世模式"连在一起的，它折射的是某些西方国家的强权和霸道。一些西方国家以居高临下的姿态，宣扬所谓"普世价值"，其实质是推销自己的"民主国家体系"和"自由体制"，用自己的尺子来衡量世界。他们不管一个国家、民族的意愿和实际，要求各文明参照他们的标准进行自我改造和转型，"普世价值"只是维护其世界统治地位、实现其最大利益的工具。

而在"全人类共同价值"面前，各个国家和民族是平等的，也是自主的。它承认和平、发展、公平、正义、民主、自由是大家都认可的价值观，大家都在为之努力，但每个国家的历史文化、发展阶段不一样，在追求的过程中有先有后，要正视这种差异。任何国家都不能简单地否认他国的努力，把自己的模式强加到别国头上。

"民主和人权是人类共同追求，同时必须尊重各国人民自主选择本国发展道路的权利。"2015 年 9 月 25 日，习近平主席在同美国总统奥巴马共同会见记者时的回答掷地有声，清晰地表明了中国的立场。

这三年来的理论探索和实践表明：社会主义核心价值观与"全人类共同价值"是内在相通的——

中国文明的发展不是站在人类现代文明之外的发展，而是主动融入、引领世界潮流的发展。社会主义核心价值观，既植根于 5000 多年中华文明的丰厚土壤，也汲取着全人类共同文明成果和共同价值的丰富营养，它是全人类共同的文明成果和共同价值的升华和具体体现。

中国特色社会主义建设取得的巨大成就，早已确证中国道路对世界和平发展的重要启示意义，彰显中国道路向前延展的价值理念支撑，也因此成为"人类共同价值"宝贵的智慧资源，不断为世界各国尤其是发展中国家提供极富价值的参考。

社会主义核心价值观，是中国对全人类共同价值的重要贡献，也是中国对人类文明包容互鉴所作的郑重承诺。

这三年来的理论探索和实践同时表明：作为中国特色社会主义事业的基本价值引领，社会主义核心价值观与所谓"普世价值"有本质的区别。社会主义核心价值观所倡导的民主，是人民民主、是人民当家作主；自由，是人民民主专政下的自由，是同纪律有机统一的自由；公正，是人人平等、人人享有的公正；法治，是坚持党的领导、人民当家作主、依法治国有机统一的法治……

只有生长于本民族文明土壤中的价值观，才能对"全人类共同价值"提供文明互鉴的独特价值；只有代表人类前进方向的价值观，才能对世界产生感召力和影响力。

从"和谐中国"到"和谐世界"，从"社会主义核心价值观"到"全人类共同价值"，从人类"命运共同体"到"价值共同体"，中国不断基于成功实践为世界贡献理念与价值，也拓展与增进世界各国对中国理念、中国价值的认同。

"亚洲发展的美好愿景，同国家富强、民族振兴、人民幸福的中国梦是相通的。"马来西亚总理纳吉布说。

"中国的梦想不仅关乎中国的命运，也关乎世界的命运。"英国《金融时报》刊文称。

这让人回想起2014年5月4日，回想起总书记与北京大学师生座谈时对"青年要自觉践行社会主义核心价值观"的殷殷期望，回想起总书记那番充满自信的话语：

"站立在960万平方公里的广袤土地上，吸吮着中华民族漫长奋斗积累的文化养分，拥有13亿中国人民聚合的磅礴之力，我们走自己的路，具有无比广阔的舞台，具有无比深厚的历史底蕴，具有无比强大的前进定力。"

这是向世界传递的中国声音，这是向世界表达的中国信心。

今天，"十三五"新航程正在开启，全面建成小康社会只待冲刺，中国迎来了实现复兴梦想的关键节点。

以中国之名，因人民之托，我们扬高尚精神阔步前行，我们拥磅礴之力坚定逐梦！

（新华社北京2月4日电，人民日报、光明日报2月5日一版头条刊发，作者为光明日报记者王斯敏、谢文、张春丽）

目录

校训的故事

目录

目录

目录

"校训的故事" 的故事

后记

校训的故事

校训，是一所学校办学理念、治校精神的反映，是体现大学文化精神的核心内容。寥寥数语的背后，是信仰和信念的坚守传承，是一代又一代师者和学子的砥砺奋进。

二零一四年四月起，光明日报推出《校训的故事》专栏，寻访一批知名大学校训背后的故事，从历史和现实两个维度，展示校训的文化传统和正能量，弘扬其所蕴含的精神与感召力。

自强不息 厚德载物

——清华大学校训背后的故事

胡显章[1]

　　2010年5月，时任北京清华大学校长的顾秉林对来自台湾新竹清华大学的校长陈力俊说："大学有三宝：校训、校友和校园。两岸清华的校训相同，海外校友会是一家。""两岸还没统一，但海峡两岸清华校友会早就统一了。"顾秉林的风趣讲话得到了陈力俊的认同，海峡两岸的清华同根同源，同声相应，同气相求，被传为佳话。

　　两岸清华同样的校训——"自强不息，厚德载物"，缘起于梁启超先生在清华的一次演讲。梁启超对清华情有独钟，将孩子梁思成、梁思永送到清华学校念书，二人都成为享誉世界的名家。同时，梁启超本人十分关注清华的办学和学子的成长。他心中念念不忘的是留美学子的文化植根，曾说过："清华学生除研究西学外，当研究国学；盖国学为立国之本，建功立业，尤非国学不为功。"他欣赏清华学堂章程所述的"以培植全材、增进国力为宗旨"，"以进德修业，自强不息为教育之方针"。1914年11月他到清华演讲，以《周易》的两个象辞"天行健，君子以自强不息"（乾卦），"地势坤，君子以厚德载物"（坤卦）激励学子，指出：君子自励犹如天体之运行刚健不息，不得

1　胡显章为清华大学教授。

一曝十寒，不应见利而进，知难而退，而应重自胜摈私欲尚果毅，不屈不挠，见义勇为，不避艰险，自强不息；同时，君子应如大地的气势厚实和顺，容载万物，责己严，责人轻，以博大之襟怀，吸收新文明，改良我社会，促进我政治，以宽厚的道德，担负起历史重任。梁启超慷慨激昂的演讲深深激励了清华学子，后来"自强不息，厚德载物"就成为清华校训。

　　"自强不息，厚德载物"的校训是清华精神的集中体现，是清华精神文化的支柱与灵魂。清华老学长钱耕森教授解读清华校训时提到，哈佛大学杜维明教授认为清华校训是世界所有大学最好的校训，而著名哲学家张岱年先生则认为，清华校训的内涵高度概括了中华文化的基本精神。张岱年曾指出："厚德载物是一种宽容的思想，对不同意见持一种宽容的态度，对思想、学术的发展起了很大的作用。自强不息是对生命的体会，人的生命就是努力前进、奋发向上。""我认为这两种思想：坚强的意志、宽容的态度在中国文化里面起了主导作用，是一种健康的正确的思想。在历史上，当中华民族受到外来侵略时，一定是反抗而绝不是屈服，它有一种坚定的自强不息的精神；同时中国文化的又一特点是比较宽容、博大，像基督教、伊斯兰教进入中国都被中国文化所接纳。"张岱年自身便是践行这一精神的典范。他以"直道而行"的理念追求真理，刚正不阿，同时，继承与发扬了清华国学院"中西融会，古今贯通"的学术传统，提出了文化综合创新论和"兼和"哲学观——"最高的价值准则曰兼赅众异而得其平衡。简云兼和，古代谓之曰和，亦曰富有日新而一以贯之。"这里"兼和""日新"与"自强不息，厚德载物"的精神是一脉相承的。张岱年的哲学观影响了清华文科恢复发展理念"中西融会，古今贯通，文理渗透，综合创新"的形成。

清华学堂是一所美国为了"从知识上与精神上支配中国领袖"退还部分庚子赔款而开办的留美预备学校，清华学校周诒春校长指出："清华之不幸而产生于国耻之下，当奋发有为，力戒虚骄自大、贪安好逸；当群策群力，同声同气，以拯救国家。"在他主持下，清华开启了办独立大学之路。1925年清华成立了大学部和国学院，1928年按照"以求中华民族在学术上之独立发展，而完成建设新中国之使命为宗旨"，在罗家伦校长主持下完成了改为大学的任务。在此进程中，清华人一方面为教育独立、学术独立而奋斗不息，另一方面，以开阔的视野、博大的襟怀，广纳一切文化之精华，使"会通"成为一些学者所称的"清华学派"的特色，这一传统一直延续至今。

随着时代发展，清华以"自强不息，厚德载物"为核心不断升华着精神境界，演进着雪耻图强的爱国奉献精神、严谨求实的科学求真精神、海纳百川的包容会通精神和人文日新的追求卓越精神，为国家为人类文明创造着骄人业绩。截至2011年清华百年校庆，从这里走出了465位院士、国家表彰的23位"两弹一星"功臣中的14位。由国际著名专家对清华部分学科的评估得出结论：清华本科生培养质量与世界顶尖大学相比毫不逊色；清华是国家向创新型转型的重要基地，主持建成了世界最先进的固有安全性核供热堆，计算机辅助制造系统获美国制造工程师学会"世界大学领先奖"，人脸识别获得国际最佳成就奖，脑机接口系统全球领先，国际空中机器人大赛夺冠，新一代互联网技术获"全球IPV6先锋"奖走到美国前面，生物生命学科两次获得美国《科学》杂志年度十大科技进展，集成了多学科成果的集装箱检测系统，超过发达国家并占领世界主要市场份额；由薛其坤院士领衔，清华、中科院物理所联合攻关，从实验上首次观测到量子反常霍尔效应，杨振宁称赞其是诺贝尔奖级的成绩，它的成功与中国的科研体制和人文精神传统密切相关。他们自己认为是拼命精神的胜利，是团队协作精神的胜利……

实事求是

——人民大学的精神特质

李玉兰[1]

暑假来临，5645名中国人民大学的学子怀揣理想与信心，踏上了深入基层开展社会调研、社会服务与社会考察的征程。

665支团队将在全国29个省份的162个自然行政村开展暑期社会实践及"千人百村"社会调研活动。农村教育、能源消费、养老、土地权益、公共文化服务、基层民主……均是他们关注的对象。这一活动是人民大学坚持多年的一个传统。

此前不久，该校10位博士生组成的调研团队赴河北省石家庄市正定县，沿着人民大学的足迹，探索母校的历史，并对当地农村面貌改造提升工作进行实地调研。30年前，有过一次同样的"寻根之旅"，10位人大学子组成调研团队赴正定县实地调研，时任正定县委书记的习近平同志到正定县招待所看望了正在进行社会实践的大学生，以自己的亲身经历讲述了基层工作的深刻意义和如何做好基层工作的心得体会。

社会调研仿佛是人民大学学子的一个生活方式，每年有超过5000名学生赴全国各地及海外地区开展社会实践活动。或许这就是该校

---

1 李玉兰为光明日报记者。

"实事求是"精神特质在学习生活中的具体展现。

人民大学1937年诞生于抗日烽火中，前身为陕北公学，几经辗转，历经华北联合大学、北方大学、华北大学，1949年底迁往北京，即后来的中国人民大学。

陕北公学校长成仿吾曾说："陕北公学的教学工作有三条原则：一是理论和实际相联系，二是教学内容少而精，三是教与学一致。"

北方大学校长范文澜曾提出，北方大学的办学宗旨为"全心全意为人民服务"，校风即为"实事求是"。

华北大学校长吴玉章曾提出华北大学的校训为"忠诚、团结、朴实、虚心"。"朴实"即"不虚伪、不轻浮、不好高骛远、不粗枝大叶，脚踏实地、实事求是的作风和态度"。

1992年6月15日，在中国人民大学校庆55周年前夕，"实事求是"被正式确定为校训，同时，镌刻着"实事求是"四个大字的汉白玉巨石，也被矗立在了学校东门内。

"实事求是"一词出于《汉书·河间献王刘德》，文中说刘德"修古好学，实事求是"。后来唐代学者颜师古将"实事求是"一词解释为"务得事务，每求真是也"，把它引申为一种务实求真的学风。

"实事求是"是从中国人民大学厚重的人文积淀中提炼出来的精神品质，不仅是对过往光荣历史的高度概括，也是中国人民大学走向未来的精神指南。它为人大人指明了读书、治学、做人的途径，这条路径的最终目标，就是要求得"是"，即追求真理。从陕北公学到华北联合大学、北方大学、华北大学，再到现今的中国人民大学，"实事求是"始终是学校不变的精神特质。70多年来，"实事求是"影响了一代又一代的人大人。拉开真理标准大讨论序幕的那篇著名文章《实践是检验真理的唯一标准》的最初作者胡福明就是中国人民大学的毕业生。

当一份份调研报告交至案头，同学们的成长如树的年轮般清晰可见。"人民大学要培养的是厚重之人。为此，慎重制定了人才培养体系改革路线图，提出课堂内教育和课堂外教育两手都要硬的思路。"中国人民大学校长陈雨露在谈到"千人百村"活动的意义时曾说，"通过开展这个活动，同学们在理论联系实际当中得到锻炼，教师在'接地气'的过程中进一步密切和同学、和社会的联系，使人大'实事求是'的精神传统深入师生灵魂深处。"

学为人师 行为世范

——北京师范大学校训背后的故事

靳晓燕　祁雪晶[1]

北京师范大学版的"毕业前二十件事"之一是在校训碑前拍照。

"学为人师 行为世范"——这广为熟知的校训，由国学大师启功于1997年挥笔写就。

校训简约义达。赵仁珪教授至今仍记得：起初，学校曾邀请校内很多专家学者共提方案，启功自己也拟出不同训词，但最后敲定"学为人师 行为世范"八字，显得平易通畅且深刻含蕴。它不但紧扣"师范"二字，而且包含了学与行、理论与实践，做学问与做人，做一般人和做老师等之间的辩证关系。

此训一出，全校师生莫不首肯心应，并敦请启功赐墨勒碑。启功欣然奉命，指出"校训之撰，当属学校。校训碑正面右首当署'北京师范大学校训'。落款则书'启功敬书'。"这一个"敬"字足以说明，在校训面前，他只把自己当成学校的普通一员。之后学校有关部门又多次请他阐释所题校训的意义，启功每次都以"学习校训，理解如此"的口吻来写，从不把校训当成自己的创造而专有。

这正是北师大人文精神的显现：崇德笃行，敦尚气节，首在担当。

1　靳晓燕为光明日报记者，祁雪晶为光明日报通讯员。

北京师范大学校训

学为人师
行为世范

一九九七年夏日 启功敬书

启功题写的北师大校训。

1902年，北京师范大学前身京师大学堂重开，管学大臣张百熙强调："办理学堂，首重师范"。1904年，师范馆改为优级师范科，又于1908年改为京师优级师范学堂。在"办理学堂，首重师范"的理念下，他们承载着振兴教育、救亡图存的历史重任。1915年，学校提出"诚实、勇敢、勤勉、亲爱"的校训，要求学生勤奋攻读，品行端正，为人表率。此后，学校校训几经改动，有"以身作则""成德达材，建国基石"等，但以爱国、勤奋、为人师表为内核的办学精神始终如一。

国运衰微的年代，师范教育首重培养国民精神，是国民教育的基础。身为"教育本源"的北京师范大学，强调"治学修身、兼济天下"，从这里走出的国之栋梁，道德与学问并重，理想与实践统一，堪为如晦时代文化知识的传薪播火者。京师大学堂师范科第二届毕业生符定一，辛亥革命后回湘弘文励教，办校兴学，成为毛泽东的导师；国语运动先驱黎锦熙，普及白话，注音汉字，推动民众文化扫盲；教育系毕业生张岱年，立足中哲，融会东西，践行文化综合创新……他们矗立起启民救国的典范，影响了社会进步的方向，为民族精神的绵延发展注入了人文光芒。

站在校训碑前，学子就会想起启功的老师陈垣校长向其传授的《上课须知》：

一、一个人站在讲台上要有一个样子。人脸是对立的，但感情不可对立。二、万不可有偏爱、偏恶，万不许讥诮学生。三、以鼓励夸奖为主。不好的学生，包括淘气的和成绩不好的，都要尽力找他们一小点好处，加以夸奖。四、不要发脾气。你发一次，即使有效，以后再有更坏的事情发生，又怎样发更大的脾气？万一发了脾气之后无效，又怎样下场？你还年轻伲站在讲台上即是师表，要取得学生的佩服。五、教一课书要把这一课的各方面都预备到，设想学生会问什么。自己研究几个月的一项结果，有时并不够一堂时间讲的。六、批改作文，不要多改，多改了不如你替他作一篇。改多了他们也不看。要改重要的关键处。七、要有教课日记。自己和学生有某些优缺点，都记下来，记下以备比较。八、发作文时，要举例讲解。缺点尽力在堂下个别谈；缺点改好了，有所进步的，尽力在堂上表扬。九、要疏通课堂空气，你总在台上坐着，学生总在台下听着，成了套子。学生打哈欠，或者在抄别人的作业，或看小说，你讲的多么用力也是白费。要在学生座位行间走走。讲误时，写了板书之后，也可下台看看。既回头看看自己的板书效果如何，也看看学生会记不会记。有不会写的或写错了的地方，在他们座位上给他们指点，对于被指点的人，会有较深的印象，旁边的人也会感兴趣，不怕来问了。

短短的九条，却可以作为千百万教师操守之根本。

校训碑前的留念，成为学子们最深的记忆：从这里起航，奔赴祖国的四面八方。他们将担负起育人兴邦的神圣使命，在广阔天地中传递梦想，播撒希望。

德以明理　学以精工

——北理工人的科技报国之志

李玉兰[1]

北京理工大学作为中国共产党创办的第一所理工科大学，曾创造了新中国历史上许多个"第一"：第一台电视发射接收装置、第一枚二级固体高空探测火箭、第一辆轻型坦克⋯⋯

然而，直到2010年建校70周年的时候，北京理工大学的校训才确定为"德以明理 学以精工"八个字。那么，此前的70年，北理工就没有校训么？当然不是。

1939年，党中央决定建立延安自然科学研究院。1940年，延安自然科学研究院改名为延安自然科学院。它是解放区进行自然科学教学的最高学府，又是进行自然科学学术活动的中心。它开创了中国共产党领导高等自然科学教育与研究的先河，走出了一条中国共产党兴办高等科学技术教育与研究的道路，从而在中国近现代自然科学技术发展史上谱写了光辉的一页。第一任院长是李富春，第二任院长是徐特立。

1942年，毛泽东同志亲自为自然科学院题写了校名。1949年，学

1　李玉兰为光明日报记者。

校迁入北京。1952年，学校更名为北京工业学院，是新中国第一所国防工业院校。同年，该校的航空系被抽调参与组建北京航空学院（现北京航空航天大学），冶金系被抽调参与组建北京钢铁学院（现北京科技大学），采矿系及专修科被抽调参与组建中南矿冶学院（现中南大学）。1988年，学校更名为北京理工大学。

欧阳中石题写的北理工校训。
李玉兰/摄

从20世纪40年代到60年代，徐特立一直担任这所学校的校长，他理论联系实际、实事求是的思想形成了北理工最初的精神品格。他倡导"实事求是，不自以为是"的学风，强调教育要"以群众为本位"和教育、科研、经济"三位一体"。

20世纪60年代，在北理工中门主干道的固定式标语壁上，写着毛泽东在抗日战争时期为中国人民抗日军政大学制定的校风校训："坚定正确的政治方向，艰苦朴素的工作作风，灵活机动的战略战术。团结、紧张、严肃、活泼"。

20世纪80年代，全国高校都用过的"团结、勤奋、求实、创新"八个字也一度成为北理工的校训。

2010年，北京理工大学在广泛征求全校师生员工和校友的意见基础上，确定了"德以明理 学以精工"作为校训。

东汉王充在《论衡·别通》中说："夫德不优者，不能怀远；才不大者，不能博见。"以"德"为首，既符合我国高等教育人才培养"立德树人"的基本目标，也是徐特立教育思想的主线和灵魂。"学以精工"指在学问、技术或业务上的追求要精益求精，这是北理工人多年的坚持和追求。

"知"和"行"

——北京交通大学两字校训的百年传承

李玉兰　袁芳[1]

　　北京交通大学思源楼的北面，枝繁叶茂的百年国槐荫蔽下，有一块石碑，上面刻着"知行"二字，为北交大的校训。这大概是全国高校中最简洁的一则校训了，一目了然，意味深长。

　　石碑厚重、槐花芬芳，每一天，无数师生经过"知行"碑，在这里留下了青春最美丽的回忆。他们在这里成长，从这里出发，走向祖国建设的舞台，将"知行"二字的内涵深刻地书写在自己的人生路上。

　　"知行"校训最早见于1923年北交大毕业生的纪念册。当时学校的校徽、校旗上均有"知行"二字。只是"知行"二字出自何人之手、什么时间书写等，尚无实证。

　　有学者研究提出，北交大"知行"校训的产生，与中国民主革命的先行者孙中山的知行观有必然联系。孙中山的知行观，深刻影响了当时担任交通部总长并身为交通大学校长的叶恭绰。叶恭绰尊崇孙中山"交通为实业之母，铁路为交通之母"的实业救国思想，而且身体力行，曾先后到欧美多国考察铁路建设经营，对中国铁路管理制度的建立和本国铁路管理人才的培养作出重大贡献。1921年9月10日，他

1　李玉兰为光明日报记者，袁芳为光明日报通讯员。

在交通大学京校开学典礼上讲话，系统阐述了自己的办学理念，并对交大师生提出三点希望：一是学术独立，不受外力支配；二是学以致用，贵在贡献；三是学术愈精，应用愈广。他在讲话中抨击中国传统科举制度使读书成为谋取功名的阶梯，主张新型大学要将利禄与学术分开。他认为"方今科学昌明，无处不有学问，小如砌墙运铁，大如行车造路，莫不含有至理，蓄有精义"，故主张研求学术既要有独立境界，又贵在致用，要为人类谋幸福。

北京交通大学校训碑。李玉兰/摄

叶恭绰的讲话，是对交大"知行"校训要义的解释。这短短两个字的校训，传承近百年，交大也始终坚持"崇尚学术，追求真理，知行统一，以知促行""学理、应用并行注重"的办学理念。

"知"与"行"的思考与探索，伴随着北京交通大学的成长和发展。经过数代交大人励精图治、艰苦奋斗，北京交通大学已成为推动国家经济社会发展，特别是交通行业、首都区域科技创新和高层次人才培养的重要基地，为服务国家交通、物流、信息、新能源等行业以及北京经济社会发展作出了积极贡献。

在一次毕业典礼致辞中，北京交通大学校长宁滨这样勉励毕业生们：你们要力求在"知"的方面有所突破，在"行"的领域有所创新。在现实生活中，勇敢地面对各种复杂局面，不断学习、努力奋进；不失激情、乐观向上、脚踏实地。要时刻提醒自己积极地寻求解决问题的办法，不要怨天尤人，要不断地磨炼和修炼自己，有一种执着和耐性，要在自我实现的过程中，达到"知行统一"的境界。

尽精微 致广大

——中央美术学院既古老又年轻的校训

张玉梅[1]

这是一条古老而年轻的校训。"尽精微，致广大"出自《中庸》第二十七章《修身》。她古老，在中国人的思想长河里漫游两千多年；她年轻，2013年中央美术学院95周年校庆时才安家落户，正式成为中国最高美术学府的校训。

校训的选择称得上是实至名归。校庆期间，校园网征集名师画语录，近60%的师生选择了徐悲鸿当年在美院教学时倡导的理念："尽精微，致广大"。现任院长潘公凯说，这六个字体现着中央美术学院师生始终坚守的"修身、治学、研创、报国"的原则和情怀，体现着中央美术学院始终坚持的"注重使命、崇尚学术、尊重人才、兼容并蓄"的传统与精神。

中央美术学院的前身是国立北平艺术专科学校，这是中国历史上第一所国立美术教育学府，也是中国现代美术教育的开端。1949年10月新中国诞生，一个月后，国立北平艺术专科学校和华北大学三部美术系合并，并经中央人民政府批准，成立国立美术学院，毛泽东主席题写院名。1950年1月，经中央人民政府政务院批准，正式定名为中

1　张玉梅为光明日报记者。

尽精微　致广大

央美术学院，当年春暖花开之季，在北京王府井校尉胡同5号校址举行了成立典礼。

作为中央美术学院的第一任院长，徐悲鸿担负着探寻新中国美术教育发展方向的重任。他在充分认识中西造型艺术优秀传统的基础上，肯定西方艺术探索与认识自然规律的科学经验，倡导东方美学思想与审美品格的"尽精微，致广大""宁方毋圆、宁拙毋巧""提炼取舍"等一系列教学主张；他以素描为基础，创造了解剖学、透视学与"默写"结合在一起的教学方法，确立了"穷造化之奇，探人生之究竟"等教学原则。

中央美术学院教授戴泽回忆说，徐悲鸿最喜欢给学生们的题词便是这六个字，"尽精微，致广大"。而这条教学理念何以对美院师生产生如此重大与深远的影响？中央美术学院副院长徐冰回忆在美院时的学习生活，他说，素描训练，留给学习者除造型的技能外，更深刻的部分似乎是教师的品格、对学术和事业的态度与方法，通过每一笔的处理，通过交换感受的点滴小事，使学习者从一个粗糙的人变为一个精致的人，一个训练有素，懂得工作方法的人，懂得在整体与局部的关系中明察秋毫的人。

近百年的历史，美院培养人才的谱系中，大家辈出，星光闪耀。他们回味在美院的学习生活，无不觉得受到这个教学理念的滋养与磨炼。油画家刘小东说，当年毕业时朱乃正先生写给他的赠言也是"尽精微，致广大"，这种师承关系，这种口耳相授，正是一个学院学术的坚实来源。

几代美院人实践，逐渐凝聚形成中央美术学院的精神品质，成为美院人认可的核心理念。中央美术学院党委书记高洪说，这一校训的内涵历久弥新，美院人在自己的专业中永无止境地追求精益求精，在自己的人生中永无止境地追求更高的境界、更宽的视野、更大的胸怀。

校训的确立，明晰了教与学的精与微，格与局的广与大。它缩短了名师与学生的心理距离，变换的场景，永恒的思想。

素描就是素描，校训就是校训，它就这么简单，所以它这么重要。

博学而笃志　切问而近思

——复旦大学校训是如何滋养复旦与复旦人的

曹继军　　颜维琦[1]

复旦大学校园，梧桐树环拱的光华大道，笔直幽深。镌刻着"博学而笃志，切问而近思"的校训墙，静立在这条路的尽头。

4月23日下午两点，在离光华大道不远的文科图书馆，一场以"阅读，点亮梦想"为主题的讲座正在进行。屋外，春日的暖阳映衬着蓝蓝的天；屋内，复旦的情怀激荡在拳拳的心。校长、教授、学生，身份不一的复旦人聚在一起，解读着自己心目中的"博学、笃志、切问、近思"……

当年的复旦学子、如今的复旦校长杨玉良将这样的心得与学生分享：读书要细，需进行文本之精读，此为切问；知识分子应当心有隐忧，对问题要有独立的思考，即是近思；在人心灵成长的不同阶段，要读不同的原典，这就是博学；要为心灵和精神而阅读、在阅读中生活，也正是笃志的意思了。

时光回溯到1913年，复旦大学迎来了李登辉（1872–1947）校长。这位毕业于耶鲁大学的教育家，在任23年，是迄今任期最长的复旦校长。当年，他仿照世界名校惯例，为复旦定下了校训。李校长将

1　曹继军、颜维琦为光明日报记者。

博学而笃志 切问而近思

于右任书写的复旦大学校训。

遴选校训的目标锁定在中华传统文化这片沃土——"博学而笃志，切问而近思"，先由国文部的教师从《论语·子夏》中选出，随后，古汉语造诣颇深的复旦创校校长马相伯帮助遴选，在1915年复旦大学建校10周年时正式成为复旦校训。

诺贝尔物理学奖获得者李政道先生，则从复旦校训中抽出了"学"和"志"两个字与复旦学生分享体会：要学怎么样去问问题，这才是真正的学问。要对"志"作深刻的考虑。志是什么？心之所向在哪儿？这些问题都是年轻人必须考虑的；复旦大学哲学系教授吴晓明在校训中，看到了可由过去泛入今日的精神：求知识，求学问；注重学问的精神性品格；有社会关怀和天下关怀。

109个冬去春来，代代复旦人对校训的实践，远比字面的解读要丰富得多。在改革开放的年代，复旦人更是果敢而扎实地走出了人才培养的创新之路。

2005年复旦大学启动的通识教育，十分引人注目。在杨玉良的心中，通识教育是大学应对时代和社会变迁之举，着力培养具有人文情怀、科学精神、专业素养、全球视野的社会栋梁之材。"书院"是复旦实施通识教育的重要载体，目前，学校设有5个各有特色的书院，所有本科生全部入住书院。复旦的书院兼具国外大学住宿学院的框架与中国古代书院的特质，是居所，更是教育场所，是学生们体悟"博学、笃志、切问、近思"的精神宿地。

这八个字是学人最基本的常识。常识最重要，重复千万遍也不嫌多。坚守着这个常识，复旦与复旦人诠释着他们的价值观和价值——

2000年，冯艾报名参加了中国青年志愿者扶贫接力计划复旦大学支教团，到宁夏回族自治区西吉县教书。这位先后3次中断学业到贫困地区支教的复旦学子，是复旦志愿服务的一个缩影，在精神与物质的选择中，复旦学子总是不难找到答案。

在上海张江药谷，王海波的故事是一个传奇，创办9年就在香港创业板成功上市的上海复旦张江生物医药公司也是传奇。"名称里有复旦二字的公司，骨子里都蕴涵着复旦文化的特质——扎实、谨慎、不事张扬，但追求卓越。"王海波感叹："离开学校这么多年了，越来越感到校训教给我最宝贵的是治学的态度和做人的准则。"

不知是哪位复旦学子留下的感言：之于这所学校，我们只是沧海一粟，而它的烙印，却长桂陪伴我们，去到更多更远的地方……

饮水思源 爱国荣校

——上海交大人融通"小我"与"大我"

曹继军　颜维琦[1]

2014年，上海交通大学校园里传扬着一位普通校友的动人故事：黄亮，携笔从戎、知识报国、敬业奉献；短暂的生命之旅走到终点时，他捐献出器官，留下了给社会的最后礼物。"饮水思源，爱国荣校"——上海交通大学的校训镌刻在时代的风帆上，伴随着黄亮的学弟学妹们开启报国奉献之旅⋯⋯

1926年10月，交大30周年校庆之际，校友为母校捐建了一口自流井，取义"饮水思源"。1933年4月，学校37周年校庆时，又有学生念及母校培育之恩，在他们当年入住的执信西斋前，建造了一座以校徽为中心的喷水池，并立一石碑，上刻"饮水思源"。交大"思源校训"自此而来。

交大先贤对母校平凡而质朴的感恩之举，为后继而起的交大人种下了"雏既壮而能飞兮，乃衔食而反哺"的善根，任凭岁月年轮的冲刷，"思源校训"却永驻交大人心中，绵延不坠。

虽然将"饮水思源，爱国荣校"八个字确定为上海交通大学的校训是20世纪90年代的事，但是，感恩、报国始终澎湃在百年交大人的

1　曹继军、颜维琦为光明日报记者。

血脉中，成就着这所著名学府的精神。如果说，"饮水思源"是"小我"层面的道德诠释，那么，"爱国荣校"则在"大我"意义上提升了交大人志存高远的人格境界。著名国学家、教育家、交大原校长唐文治曾在《人格·学生格》中言："学生之对于学校，爱情而已矣，有爱情于学校，乃能有爱情于社会，有爱情于社会，乃能有爱情于国家。"语虽简约，却深含着由"小我"及"大我"的文化要义。

飲水思源
愛国榮校

一九九六年○月 翁史烈书

上海交大原校长、中国工程院院士翁史烈题写的校训。

1929年秋，钱学森怀抱振兴祖国的雄心壮志，负笈上海，开始了与交通大学的一世情缘。后来，钱学森胸怀"航空救国"梦赴美深造。新中国成立后，他冲破重重阻力，回国投身航天科技事业，开辟了中国"两弹一星"历史新纪元。以国家为重，公而忘私；以科学为重，成就斐然——钱学森，这位人民的科学家，成为"饮水思源、爱国荣校"的历史丰碑。

前路漫漫，但交大人已经写出了坚守、奋斗和成功的历史，更在书写逐梦、责任和担当的现实：在云南大理，有一位年过花甲的教授，带领着一群交大人，用13年的坚守换来了洱海的一泓清水；在四川锦屏山，有一群交大人，在埋深2500米的山洞里，孜孜以求，探索暗物质的奥秘；在大洋深处，凝聚着交大智慧的无人探测器，不断突破极限，探寻未知的海底世界……

信义勤爱　思学志远

——上海理工大学的百年沪江精神

曹继军　颜维琦　周列　董真[1]

　　清晨的一缕阳光透过浓密的香樟树叶，洒落在清水红砖的哥特式建筑群上，这是上海理工大学最平凡的一瞬光景，也是黄浦江边这所百年老校散发出的永恒荣光。

　　"浦江之滨花木扶疏，红楼三五矗立其间，沪江大学在焉。"1906年，上海理工大学的前身沪江大学在这里创办。实行男女同校，确立"更为中国化"的办学主张，最早开展社会工作，创办社会学系，诸多领域开一时风气之先，形成了独树一帜的办学传统。百年薪火相传，凝练的"信义勤爱"四字校训更滋养着校园的每个角落、每个人。

　　"盖闻古之学子，必有所得训于其师焉……诸同学能以是四言铭诸座右，何患不成伟人，为沪江光哉？"1919年，求学沪江、浸润校训精神的朱博泉为此四字感慨，在沪江大学学术刊物《天籁报》上撰文以评。此后，他成了"大宅门里出来的银行家"，和无数沪江校友一样，终其一生躬行实践之。

　　以不世出的才情、对生活的热诚，以及创作的勤奋熔铸成优美诗文的徐志摩，也曾徜徉在这片美丽的校园。沪江融贯中西的气质、开

1　曹继军、颜维琦为光明日报记者，周列、董真为光明日报通讯员。

阔的视野，构成了这位新文学著名诗人思想和诗艺追求的底色。中国民主同盟早期领导人李公朴，民国法学家吴经熊，"医德风范终身奖"获得者邓家栋，被称为"打开中国文化与世界一扇窗"的翻译家和编辑出版家冯亦代，我国"加权残值法计算力学"创立人、固体力学家徐次达……一串串名字从这里闪耀，一种精神在这里传承。

信义勤爱 思学志远

张森题写的上理工校训。

"信义勤爱"——四个字简简单单，道出的是立身治事最朴素的道理。如今，在上海理工大学的校园，校训石静默而立，凝望着每一位从它身边走过的学子。上海理工大学承续了沪江校园之形，也绵延着百年沪江精神。

所谓信者，言信行果、取信于人；所谓义者，含仁怀义、乐善好义；所谓勤者，勤学好问、业精于勤；所谓爱者，仁民爱物、爱国一家。"信义勤爱"四字，汲取了我国传统文化中社会伦理道德的精华，说的是如何"为人"。百年校庆之际，学校又在此基础上提出"思学志远"，对"为学"提出要求。

"爱人者，人恒爱之。"单是一个"爱"字，公私兼尽，便须毕生体悟践行。沪江大学首任华人校长刘湛恩，抗战时期被推为上海各界救亡协会主席，为抗日救亡大业献出了生命。81年后，著名文艺理论家、沪江校友徐中玉在《我的沪江岁月》中回忆道："刘湛恩抗日救国的斗争精神特强，他的牺牲是沪江的不幸，也是沪江的光荣。"刘湛恩曾说，"沪江是个大家庭"，确如其愿，一代代学子在这大家庭中缅怀先贤，勤求智识，献身社会。

在新生入学第一课上，曾就读沪江大学的中国科学院院士戴立信，和同学们分享："信义勤爱"的"信"字，在当今社会对于各行各业都很重要。曾任驻美大使的李道豫重返母校，寄望校友："要加强实干教育，年轻人，眼光要远一点。"

1917年由沪江大学创办的沪东公社是中国第一个大学所办社会学实验基地，开启了中国社会学专业教育的优良传统，即以大学为依托，把人才训练和社会服务结合起来。2002年创立的上理创行团队，开展了农业保险推广、女囚再就业、秸秆能源推广应用、农社对接等50余个社会公益项目，提供种植培育技术、新媒体营销培训等专业化服务，继续诠释着"爱"的教育。

如今，这所以工学为主，理、管、经、文等多学科交融发展的上海市属重点大学，紧密对接国家创新驱动发展战略和上海市先进制造业与现代服务业发展需求，形成了卓越工程教育、创新创业教育和国际化教育的鲜明特色。

"每一艘开往上海的轮船，都必须在这座大学的视线内经过。在这样一个校园里，任何一个有思想的学生，都不得不感到自己生活在一个大的世界里。"校史馆里，沪江大学第一任化学系主任梅佩礼先生的这句话，至今依然承载着上理人的梦在黄浦江畔奋勇前行。

勤朴忠实

——上海海洋大学校训的百年传承

曹继军　颜维琦[1]

海洋有海纳百川的胸怀，然而探究海洋却需要"勤朴忠实"的精神，正是这种精神滋养上海海洋大学，使她跨越百年，从江苏省立水产学校，成长为海洋、水产、食品等学科优势明显的高水平特色大学。

清朝末年，著名实业家、教育家张謇本着"渔权即海权"的思想，倡议创办水产学校，使学校筹创之际就肩负起"直面国运，情系民生"的神圣使命。1912年，在著名教育家黄炎培的帮助下，江苏省立水产学校正式创办。

张謇、黄炎培都主张忠、诚、勤、朴。1914年2月8日，江苏省立水产学校首任校长张镠对学生提出希望"五事"，即：勤勉；造成诚朴之校风；戒浮嚣；勿空谈国事；当自食其力。当年9月1日，学校定"勤朴忠实"为校训。

百年来，学校秉承"勤朴忠实"的校训精神，始终与国家发展同呼吸、共命运。"勤朴忠实"对海大人不仅仅是训导，更是实践。

1　曹继军、颜维琦为光明日报记者。

抗战胜利后，著名水产教育家、时任江苏水产学校校长侯朝海为提振水产教育事业，历尽艰辛筹措复校。1947年6月，上海市立吴淞水产专科学校在复兴岛成立，侯朝海将3年薪水悉数捐出办学，他"爱生甚于爱子，爱校甚于爱家"。新中国成立前夕，由于学校师生熟悉水性、懂得驾船，国民政府从复兴岛撤离时，学校师生被列为重点争取对象。而侯朝海则冒着危险保护师生穿越封锁线，撤离复兴岛，为新中国水产教育事业保留了人才。

海带自古生长在北方冷水海域。解放初期，国家百废待兴。为尽可能保障食物供给，1958年，正值芳龄的教师王素娟带着学生，从大连采集海带苗到舟山虾峙岛养殖，白天吃海风，晚上挤地铺，缺少水、蔬菜和生活用品，但王素娟一干就是8年，终于使海带成功落户舟山。

作为上海海洋大学的骄傲，季星辉教授是我国远洋事业的开拓者之一，著名的远洋渔业专家。1985年3月10日，已过知天命之年的季星辉，随13艘渔船组成的我国首支远洋渔业船队，历时62天，航行一万海里抵达西非，开创远洋渔业事业。由于西非气候条件与中国迥异，海上天气更是瞬息万变，船队起初连连亏损。季星辉废寝忘食研究渔场、渔具和渔法，终于使船队扭亏为盈。迄今，上海海洋大学先后派出350多个"季星辉"。他们参与开发30多个远洋渔业渔场，为使我国跻身远洋渔业大国提供了重要技术保障。

2012年，上海海洋大学专家来到台湾，指导大闸蟹养殖。当年秋天，首批优质大闸蟹在台湾上市，一举改变了"北纬28度以南不能成功养殖大闸蟹"的说法。

有多少人曾梦想大海，但又有多少人一生执着探究海洋深处？载人深潜英雄、上海海洋大学深渊研究中心主任崔维成教授，断然告别"蛟龙号"7300米水深纪录，转身挑战11000米海底。他说要实现11000米梦想，需要的正是"勤朴忠实"这种精神。

"勤朴忠实"，这既是上海海洋大学师生的百年精神风骨，又是一代代海洋人乘风破浪、勇立潮头、开拓海洋的豪迈誓言。

"公能校训"的"济世情怀"

——南开大学的校训故事

陈建强[1]

　　"'允公允能 日新月异'，在我眼里这是全国高校最好的校训之一。"2011年初，甫任南开大学校长的龚克在该校举办的"国策论坛"上这样说。

　　这句话如果从一位"老南开"口中说出来，难免有"敝帚自珍"之嫌。但对于在清华大学工作多年，又曾做过天津大学"掌门人"的他来说，对南开校训如此评价，应是出自对"公能校训"深刻内涵的体认与服膺。

　　1934年，当张伯苓先生在南开学校创办30周年校庆纪念会上，宣布将"允公允能 日新月异"作为南开校训的时候，心中一定有无尽的感慨。筚路蓝缕，以启山林，完全靠自筹款项建立起中国第一所私立大学，寄托着创办者多么炽热的"济世情怀"。

　　身高1.83米的张伯苓，外表更像一介武夫。事实上，他也确实是从北洋水师兵舰上走下来的伟大教育家。1889年，"以身许国"的张伯苓考入北洋水师学堂时，压根儿没想到一场甲午海战竟让声名赫赫的北洋海军损失殆尽。在其后帝国主义瓜分中国的狂潮中，张伯苓又

1　陈建强为光明日报记者。

允公允能 日新月异

吴玉如手书的南开校训。

目睹了威海卫"一日三易帜"的丧权辱国之场面，锥心于国之不昌，乃决意创办新教育。

南开初创，被张伯苓称作"校父"的严修即提出了"尚公""尚能"的主张，并在办学过程中一直践行"公能"二义。后来张伯苓化《诗经·鲁颂》中"允文允武"为"允公允能"，自《礼记·大学》中"苟日新，日日新，又日新"提炼出"日新月异"，组合而成南开校训。为士林景仰的张伯苓并非鸿学大儒，翻检《张伯苓教育言论选集》会发现，所辑篇什多为不同场合的讲演词，而每次演讲都不脱"公能"二义。他大概不会想到，他操着一口纯正的天津话所阐述的办学理念，犹如一座灯塔指引着南开大学近百年的发展路途，烛照着一代又一代南开人的成长。

时至今日，见证了南开大学跋涉途中每一个脚印的申泮文院士，虽已年近百岁，仍随时随地向学生讲解"公能校训"的要义——"爱国爱群之公德，与服务社会之能力"。他亲手制作的校史幻灯片，他开设的教育博客，已成为南开大学爱国主义教育的活教材。在他的讲述中，每一位南开新生都能领悟到：一部南开校史，就是一部优秀知识分子赤诚报国、�搏奋斗的历史。

南开大学创立后本着"文以治国，理以强国，商以富国"的办学理念，设立了文、理、商三科。彼时，南开大学付给教授的薪酬，比起国立高校要寒碜许多。然而"教育救国"旗帜初张，仅数年时间，

南开园内即群贤毕至、冠盖云集。全校教师中80%是从美国留学归来的青年才俊，其中获硕士、博士学位的就有28人。凌冰、梅光迪、司徒如坤、姜立夫、余文灿、邱宗岳、饶毓泰、钟心暄、薛桂伦、司徒月兰、徐谟、李济、竺可桢……这些青年学者，雄姿英发，挥斥方遒，学术思想活跃，使南开的学术水平直接与国际接轨。柳无忌先生1932年获耶鲁大学博士学位归国后，曾撰文道出来南开执教的心情："抵沪上父母亲家中时，南开的聘书已在等待着。那里已有好几位得到耶鲁博士学位的教授，如与我同时毕业的杨石先与张纯明，较前的还有何廉与方显庭。我参加他们的阵营，作为一支生力军，试为南开开拓一座新的园地。"

"公能校训"作为一种办学理念，既是对于教育本质的探幽发微，也是对教育方法的领悟与把握。南开办新教育，学洋但不崇洋。1928年春，张伯苓主持制定的《南开大学发展方案》，明确提出以"知中国、服务中国"为目标的"土货化"办学方针。他说："吾人所谓'土货化'，即以中国历史、中国社会为学术背景，以解决中国问题为教育目标。"南开大学经济研究所自创办之日起，即致力于分析探讨中国经济、社会发展中存在的实际问题，该所编制的"南开指数"享誉海内外；东北研究会组织师生实地考察，"搜集日本侵略中国之铁证"，撰写调查报告和专著，唤起国民和海外有识之士对东北问题的关注，成为当时最具影响的学术团体；化学研究所与范旭东、侯德榜的永利制碱厂合作，"以我之学识，易彼之经验"，开"校企合作"之先河……回顾校史，可以说，正是"土货化"改革，才使南开大学初步形成了自己的办学特色，成为与国立北大、清华并称的高等学府。

经过岁月的浸润与磨砺，"公能校训"已成为南开人的价值取向和精神品质。正如喻传鉴先生所言："'公能'二字为全校精神之所寄：

先生之所施教，本此二字；学生之所努力，也本此二字。"于是，有了邱宗岳教授"一堂误换来一座楼"的传奇，有了周恩来"为中华之崛起而读书"的呐喊，有了陈省身"我最美好的年华在南开度过"的感慨，有了老舍和曹禺"知中国者必知南开"的那份骄傲……

也正是"公能校训"赋予南开人以巨大的精神力量，才有了南开园被日军炮火夷为平地后，那句铿锵有力的名句："敌人所能毁者，南开之物质；敌人所不能毁者，南开之精神！"才有了南开与北大、清华辗转南迁，共组"西南联大"，弦歌不辍，英才辈出，创造了中国乃至世界教育史上的奇迹，赢得了"学府北辰"的无上荣光。

南开是求实的，也是常新的。南开大学在全国高校中较早开始教育教学改革，以"人所少有，我所专长；人尚未及，我能先登"的胆识与魄力，率先创立了社会急需的金融、旅游等新兴人文社会学科和生物化学等自然科学学科；通过设立创新科研基金和实行"弹性学制"来鼓励学生参与科技创新。

南开人是沉静的，也是进取的。张伟平因在阿蒂亚—辛格指标理论方面的成就，被国际数学界誉为"该领域的领袖"；龙以明在哈密顿系统领域的研究成果被誉为"该领域里程碑式的工作"；陈瑞阳历经25年攻关，编写出世界上第一部植物基因组染色体图谱，被誉为"传世巨著"。

2011年底南开大学出台的《南开大学素质教育实施纲要》，被师生简称为"公能教育纲要"。它从提高人才培养质量入手，把"公"和"能"细化为对学生工作的具体要求，并形成一个全面、稳定的评价体系。"南开绝不能培养'精致的利己主义者'，这也是南开校训在历史发展的新时期给我们的启示。"龚克如是说。

大哉一诚天下动

——南京大学校训背后的信仰与坚守

郑晋鸣[1]

4月的南京大学鼓楼校区，梧桐苍郁，秀美古朴。

走近老图书馆，"二源壁"沧桑依旧。壁两面镌刻着两块学堂碑石，一块是用魏碑体书写的"两江师范学堂"，厚重而雄浑；另一块则是以柳体书写的"金陵大学堂"，遒劲而大气。这是南京大学的两个源头，痕迹斑驳的碑石尽显古朴、沧桑之感，这岁月的痕迹，无声地诉说着绵延不绝的校训精神。

谈起南京大学"诚朴雄伟、励学敦行"的校训，南京大学原校长蒋树声教授有些激动，"独立思想和传统精神是一所大学的灵魂，对南京大学而言，'诚'就是她的灵魂。所谓'大哉一诚天下动'，就是说一个'诚'字，能感动天下。"蒋树声的话掷地有声。

两江师范学堂时期，时任学堂监督的李瑞清提出"嚼得菜根，做得大事"，这八字成为南京大学校训的渊源，与"俭朴、勤奋、诚笃"的校风一起，奠定了南京大学的精神根基。

而后，中央大学时期，罗家伦校长提出"诚、朴、雄、伟"的四字校训。从事校史研究28年的南京大学教育研究院院长王运来教授对

1　郑晋鸣为光明日报记者。

此进行了这样的解读："'诚'就是指要诚笃、诚朴、诚信；'朴'旨在朴实无华，要有板凳甘坐十年冷的精神；'雄'是指大雄无畏，指男子要有丈夫气，女子不应有病态；'伟'则是说要一鸣惊人，做出里程碑意义的事。"

誠樸雄偉 勵學敦行

国学大师胡小石书写的南京大学校训。

"那是一个战火纷飞的年代，师生始终以昂扬的斗志投身到抗日救亡和民主救国之中，当炮火来袭时，师生躲在防空洞内上课、做研究、出成果，防空洞成了通向科学的最前沿，中央大学也在轰炸声中一天天壮大起来。"王运来娓娓道来。

到了1949年，中央大学更名为南京大学，并在1952年与金陵大学合并，组成新的南京大学，然而由于种种原因，合并后的南京大学一直没有确立自己的校训。于是，在南京大学筹备百年校庆的过程中，蒋树声集全校师生的智慧，确定了"诚朴雄伟、励学敦行"的八字校训。他告诉记者，前四个字沿袭中央大学时期的校训，后四个字取自古代的前贤名句，"敦行"见于《礼记·曲礼上》："博闻强识而让，敦善行而不怠，谓之君子。"加上"励学敦行"四个字，是想劝勉师生勤奋学习，在实践中展现自己的品格与抱负。

百年来，尽管校名几经变更，校址也再三搬迁，然而'诚朴'这个最本色的精神在历史延绵中已经融入南大人的血液中，成为他们认识与改造这个世界的鲜明旗帜。

老校长匡亚明生前曾这样解释"诚朴"精神，"为人要诚心正意，为学要实事求是。"他是这么理解的，也是这么做的。1993年，88岁的匡亚明胃被切掉了四分之三，体重减了30多斤，奇迹般地战胜死亡后，他又一次扎进丛书的编撰中。眼睛看不清了，他就让夫人逐字逐句念给他听，一篇稿审完，常常已是深夜。2006年，在继任者的坚守下，这个总计200部，涉及270余位著名思想家人物的《中国思想家评传丛书》终于"竣工"。

同样，在南大历史上，有一位青年教师因为对科学对真理的"诚"而彪炳史册。

光明日报特约评论员文章《实践是检验真理的唯一标准》的最初作者胡福明已是白发苍苍，他拄着一根三爪拐杖，走路和说话都颤巍巍的，但思路却依旧清晰、敏锐。谈及当年批'两个凡是'所冒的风险，老人字句铿锵："我知道很危险，但不批不行啊，'两个凡是'提出后，拨乱反正寸步难行，我必须诚实地把问题揭露出来。"

"正是因为有了诚朴这一血脉和基因，一代代南大人人格独立，求真求善，爱国兴邦。"南京大学党委书记、著名经济学家洪银兴说。"如果说'诚朴雄伟'体现的是办学理念与目标，那么'励学敦行'强调的是实现目标的途径与手段。"南京大学现任校长陈骏则这样解读："长期以来，南大不占天时，也不占地利，它所拥有的，是人和，也是一股专注的劲儿。"

2006年2月27日，北京人民大会堂，走在国家自然科学奖获奖队伍最前列的，是中科院院士、南京大学教授闵乃本和他的团队成员。凭借研究成果《介电体超晶格材料的设计、制备、性能和应用》，闵乃本与他的团队荣获2006年国家自然科学奖一等奖。此前，这一奖项已连续两年空缺。而光环的背后，是闵乃本及其团队近20年的艰苦探索。

"甘坐冷板凳"的学术追求在南京大学不是个例。

国学大师程千帆教授及弟子，走遍大江南北搜集资料，经两代人努力，穷30年之功，终于完成了大型文化项目《全清词》的36卷编校工作。

历史系教授茅家琦，选择住在简陋的旧房子中。在社会上流行导师大模大样做"老板"的时代，退休后的茅老却不要助手不要秘书，年过八旬还独立研究、撰文。

......

新中国成立以来，260多位南京大学校友当选中国科学院院士和中国工程院院士；在1999年荣获国家表彰的23位"两弹一星"功勋中，有6位是南京大学校友；在国家最高科学技术奖获得者中，有5位是南京大学校友。

俯下身子，"嚼得菜根"；抬起头来，"做得大事"。正是这精神的力量让百年南大在岁月的蔓延中，愈发动人，星光灿烂。

内化于心的"止于至善"

——东南大学校训背后的执着与追求

郑晋鸣　南琼[1]

5月，东南大学校园僻静的西北角，六朝松历经千年风霜，却仍苍翠遒劲。

古松一圈圈的年轮，见证了两江师范学堂的兴衰，也见证了东南大学人百余年来践行"止于至善"校训精神，为发展科学、振兴中华而自强不息、追求卓越的身影。

两江师范学堂是东南大学的前身。20世纪初，时任学堂监督李瑞清以"嚼得菜根，做得大事"为校训，勉励学生做顶天立地之人；南京高等师范学校时期，校长江谦立"诚"为校训，躬身示范，师生相行相效，学校"诚实、俭朴、勤学、勤劳"之风渐形。

1921年，南高师改组为国立东南大学，首任校长郭秉文将校训确定为"止于至善"，取自《礼记·大学》："大学之道，在明明德，在亲民，在止于至善。"

而后，东南大学几经更名，校训也几经更迭，但"止于至善"的底蕴却薪火相传。2002年，东南大学百年校庆之际，学校复用由郭秉文校长提出的"止于至善"作为校训。

1　郑晋鸣为光明日报记者，南琼为光明日报通讯员。

何谓"止于至善"？东南大学党委书记郭广银如是说："至善，是'最好'的境界，不是满足于较好、更好，而是努力达到最好。做学生，要力争成为最好的学生；做老师，要成为最好的老师；做管理，要达到最佳的管理；办大学，要办成一流的大学。"

一个个催人向上的故事，正是承载了这样一种对至高境界的追求。

20世纪20年代，受聘担任南京高等师范学校地学教授的竺可桢，创设地学系，筹建校南农场气象测候所，开创我国气象事业之先河。

李岚清题写的东南大学校训。

20世纪30年代，首任工科主任茅以升，面对"钱塘江上架桥——办不到"的断言，春秋四载终于建成钱塘江大桥，这是我国第一座由中国人自己设计建造的公路铁路兼用的现代化大桥。

2012年，校友王澍获得建筑界"诺贝尔奖"普利兹克建筑奖，成为首位获得该奖的中国建筑师。

在东南大学校长易红看来，"止于至善"，既是对如何做学术的要求，更是对如何做人的训诫。他说，要达到最高的境界，不是好高骛远，而是要求每个人从自我做起，培养良好的科学精神、技术理性、道德情操。

而在东南大学，亦不缺乏这样一批大真、大爱、大诚、大智的东南大学人。

20世纪50年代初，国内建筑界热衷搞"大屋顶"。素有"南杨北梁"美誉的杨廷宝教授认为，大屋顶太浪费钱了，于是他"顶风"设计了简约美观的北京和平宾馆，赢得国内外建筑界的好评。

郝英立，东南大学教授、空间科学与技术研究院原副院长。5年前，面对要在一年内研制出"南极冰穹 A 科考支撑平台"这一几乎不可能完成的任务，郝英立没有丝毫退缩。为使实验结果更精确，郝英立整整一年吃住在青藏高原。极端恶劣的气候，无时无刻不在摧残着他，终于有一天，他撑不住了，倒在了青藏高原，年仅47岁。半年后，他为之付出全部心血的"南极冰穹 A 科考支撑平台"终于成功使用，中国人坐在南京遥控南极科考之梦终成现实。这就是东南大学的知识分子，这就是内化于心的"止于至善"。

志在长空牧群星

——南京航空航天大学校训背后的坚守

郑晋鸣　崔兴毅[1]

　　在古都南京，有这样一所年轻的大学，仅有62年的办学历史，却自主研制了我国第一架高原无人驾驶机、第一架微型飞行器、第一颗"天巡一号"微小卫星——这就是南京航空航天大学。走进学校，校训石上"智周万物，道济天下"八个大字熠熠闪光，道出了南航人"负重奋进，航空报国"的凿凿承诺。

　　"智周万物，道济天下"，语出《周易·系辞上》中的"知周乎万物而道济天下"。"'智周万物'的含义是勤奋探索，不断拓展知识领域，达到周知万物的学术意界，也就是沉下心来'做学问'。'道济天下'，就是指乐于奉献，实现经世济民的远大理想。"南京航空航天大学党委书记崔锐捷说，八字校训，既是南航学子追求科学真理、矢志技术创新的真实写照，也是他们以知识报国的精神源泉。

　　1951年，在抗美援朝的烽火中，新生的人民空军迫切需要航空专业技术人才。在周恩来总理的关怀下，以邓永清为首的创业者"白手起家"，在明故宫的旧址上筹建航空学校。1952年，南京航空航天大

1　郑晋鸣为光明日报记者，崔兴毅为光明日报通讯员。

校训的故事　041

学的前身南京航空工业专科学校应运而生，成为新中国自己创办的第一批航空高等院校之一。

南航60多年的发展史，是一部"航空报国"的奋斗史。

1970年，国内直升机技术领域唯一的国家重点实验室在南航落户，创始人是著名的直升机技术专家高正教授。高正年轻时服从国家安排，举家来到南航，开创了我国直升机机动飞行力学研究的新领域。1981年，高正作为公派学者赴美深造，学成后他带着"要对得起国家"的信念归国，带领青年教师，在南航建立起我国直升机领域第一个国家重点实验室。

8年的无人机研究，更是南航人刻骨铭心的记忆。因当时国内导弹武器鉴定的需要，国防科委和国防工办向南航下达了"长空一号"中高空靶机研制任务。那时的学校没有试制厂房和专用实验设施，我国无人机领域著名专家、南航无人机研究所首任所长吕庆风带着团队排除万难，在学校实习工厂生产飞机零件，在飞机工艺实验室装配部件和完成总装，在人行道上完成全机发动机联合试车。在艰苦的条件下，南航研制成功了核试验无人驾驶取样机，4次圆满完成核试验取样任务，为我国"两弹一星"发展作出重大贡献。如今，南航无人机研究所已成为中国无人机研制重要基地之一。

进入新世纪以来，在校训精神指引下，新一代南航人在新战机、导弹、大飞机、探月工程等高新技术领域继续发挥光和热。中国直升机之父王适存，中国航空试飞英雄李中华，"神六"飞船系统副总设计师秦文波，"嫦娥三号"探测器系统总设计师孙泽洲，研制出歼20发动机的空军装备研究院总工程师甘晓华……南航可谓人才辈出。

"效法羲和驭天马，志在长空牧群星。在一甲子的办学历程中，学校秉承了'谋大业、育大师、养大气'的大学精神。"南京航空航天大学校长聂宏说，代代南航学子也打上了校训精神的烙印，心系国家命运，献身国家发展。

进德修业 志道鼎新

——南京理工大学强军兴国的根和魂

郑晋鸣[1]

清晨,当第一缕阳光还未照进南京理工大学,古朴厚重的校园已被学生矫健的步伐与嘹亮的军歌唤醒。广场两侧的校训牌在阳光下熠熠生辉,与远处的地标建筑——致知楼图书馆交相辉映,构成一幅从历史走向未来的生动画卷。

"进德修业,志道鼎新",校训八言,荦荦大端。《周易·乾》有云:"君子进德修业,忠信,所以进德也,修辞立其诚,所以居业也。"以"德"为首,体现了学校"立德树人""以德为先"的办学前提,而"修业"则体现了学校育人的追求与境界,即教师诲人不倦,勤业精业乐业;学生孜孜以求,创新创业创优。"志道鼎新",取意"探究道理,创造新知",既是南京理工人追求科学真理、矢志技术创新的真实写照,也是他们勇立潮头、披荆斩棘的责任担当和精神源泉。

1953年9月1日,新中国军工科技最高学府——中国人民解放军军事工程学院(简称"哈军工")成立,首任院长兼政治委员由陈赓担任,建院之初设有五个系和一个预科,其中,哈军工炮兵工程系就是南京理工大学的前身。

---

1 郑晋鸣为光明日报记者。

1960年，哈军工炮兵工程系从母体中分离出来，与武昌高级军械技术学校汇合，单独成立中国人民解放军炮兵工程学院，著名将领孔从洲中将受命为第一任院长。此后，历经炮兵工程学院、华东工程学院、华东工学院等时期，到1993年，正式更名为南京理工大学，但"强大国防，繁荣祖国"的使命始终一脉相承。

六秩风华强国防。翻开学校的菁菁校史，每次彰显国家力量的时候，南京理工从未缺位。2007年，校友刘其坤、马晓鹏、孙岳荣获得"首次探月工程突出贡献奖"；2008年，北京奥运会开幕式上绚丽的烟花，由潘功配教授带头研制；2009年，新中国成立60周年阅兵式上，30个地面武器装备方阵中，有16个方阵的武器系统总师、副总师由南京理工人担任。

在"志道鼎新"的道路上，南京理工人的步伐也未曾停歇。在国防军工等尖端领域，南京理工人更是创造了新中国历史上若干个"第一"，第一台防爆机器人、第一套自主式地面无人驾驶平台、第一台万能超高压水射流切割机等等。

"'进德修业，志道鼎新'，这八字校训是南京理工精神的集中体现，也是学校强军兴国的根和魂。"南京理工大学校长王晓锋说，60多年来，尽管学校两迁其址，四易校名，十次变更隶属关系，但师生用使命感和责任感践行了"献身国防、维护和平、繁荣祖国"的庄重诺言。

祈通中西　力求精进

——南通大学校训背后的传承与创新

郑晋鸣　顾璟[1]

　　7月的南通大学，首夏清和，芳草未歇。

　　校门的厚壁上，镌刻着近代著名实业家、教育家张謇亲笔题写的校训：祈通中西、力求精进。遒劲大气的八个大字，浓缩了百年通大的精神气质和文化渊源，也见证着代代通大人的励精图治和执着奉献。

　　1912年，在以教育为先、科技为重的南通，张謇创办了南通大学的前身——私立南通医学专门学校，并题写训词"祈通中西，以宏慈善"。学校的创办，实践了张謇"父教育而母实业"的思想理念，成为我国民办高等医学教育本土化的发端。

　　同年4月，张謇创办"南通纺织染传习所"，后改称"南通纺织学校"，次年定名为"南通私立纺织专门学校"，并题写训词"忠实不欺，力求精进"。作为中国最早独立设置的纺织专科院校，学校倡导"学必期于用，用必适于地"和"以实践为主要"的教育理念，激励学子理论联系实际。

　　为实现教育救国的理想，张謇开洋为中用、教育国际化风气之先，

1　郑晋鸣为光明日报记者，顾璟为光明日报通讯员。

积极聘请国内外名师，参照国外相关专业课程设置，学习国外先进的教学方法，并组织学生到国外留学。在人才培养上，张謇提出"道德优美，学术纯粹"的八字要求。100多年来，这些教育思想和理念依然闪烁着耀眼的光芒。

祈通中西 力求精進

张謇手书的南通大学校训。

2004年，南通医学院、南通工学院、南通师范学院三校合并组建南通大学，继承了张謇的办学理念，确立"祈通中西，力求精进"为校训。"祈通中西"就是要求在继承民族传统文化的基础上，开阔眼界，善于学习、吸收和运用全人类的先进文化成果，古为今用，洋为中用。"力求精进"就是要求时刻保持积极进取的精神状态，做到与时俱进，追求卓越，勇攀高峰。

"这八字校训中所蕴含的精神力量，在办学实践中不断升华，凝结为学校发展的精神之魂。"南通大学校长程纯说。

走过百年的南通大学，以师德为根脉，塑风范于本真。

1994年，从事预防医学教育的夏元贞教授立下遗嘱："将遗体献给学校，制成骨骼标本，让大学生摸着我的骨架，走进神圣的医学殿堂。"如今，一批又一批的医学生在夏元贞教授精神的感召下，刻苦钻研，恪守医德，立志为祖国医药卫生事业的发展和人类身心健康奋斗终生。

1995年，全国精神文明建设典型莫文隋在这里孕育诞生。如今，在校生中已有27000余名"莫文隋志愿者"积极投身各类志愿服务工作。

享誉全国的通医优秀知识分子群体在这里成长。国家首届杰出青年基金获得者顾晓松教授带领他的研究团队几十年如一日，在组织工程化神经研究领域艰苦奋斗、勇攀高峰，使我国在该领域的研究走在了国际前沿。2013年，研究成果"修复周围神经缺损的新技术及其应用"荣获国家技术发明二等奖。同年5月，学校临床医学学科进入全球临床医学学科排名前1%。

国家教学成果奖获得者周建忠教授的楚辞研究在这里结出硕果。他主持的"东亚楚辞文献的发掘、整理与研究"课题被立为2013年国家社科基金重大项目，这是楚辞研究工作取得战略性进展的重大标志。

"时代楷模"徐克成教授从这里走出。他以高尚的医德和精湛的医术，赢得了海内外无数患者的敬仰与信赖。

老树春深更著花，百年大学新征程。2013年，南通大学被增列为博士学位授予单位，信息与通信工程、基础医学、临床医学三个学科被批准成为博士学位授权一级学科。南通大学的学科建设取得了历史性突破。

在100多年的薪火传承中，"祈通中西、力求精进"的精神已融入每个通大人的血液之中，内化为"崇真尚美、通精极致"的通大人特质，成为学校事业不断发展的恒久动力。

"作为人才培养、科学研究、服务地方以及文化传承与创新的重要阵地，大学担负着建设中国特色社会主义、实现中华民族伟大复兴中国梦的神圣使命和历史责任。大学要以奉献求地位，以发展求未来。"南通大学党委书记成长春说。

泮水紫芹香可揽，倚看待佩乐菁莪。在办好人民满意大学的实践与探索中，百年校训"祈通中西，力求精进"将更显青春活力，更具独特风采！

敢为天下先

——武汉大学校训承载的"武大精神"

夏静　杨欣欣[1]

珞珈山麓，东湖之畔。中西合璧，古朴典雅。历经沧桑，流风甚美。百余年的风雨历程，铸就了武大"敢为天下先"的独创精神。

武汉大学，历经3个不同时期形成了有代表性的校训。从国立武昌高等师范学校的"朴诚勇"、国立武汉大学的"明诚弘毅"，到改革开放时期的"自强、弘毅、求是、拓新"，其底蕴一脉相承，而又闪烁着时代光辉。

1893年，湖广总督张之洞创办湖北自强学堂。他认为，"自强之道，以教育人才为先"，故取"自强"二字。这便是武汉大学的前身。"天行健，君子以自强不息。"诞生于救亡图存的洪流中，匡时济世、奋斗不止的"自强"精神，成为武大精神的不竭源泉。

五四运动前夕，国立武昌高师校长张渲制定并亲笔题写"朴诚勇"校训，激励师生无伪、无妄、无畏，具有"质朴无华"的美德、诚信实干的品格和勇往直前的精神。

1928年，李四光先生骑着毛驴，与林学家叶雅各一起，为国立武汉大学勘定了珞珈山麓东湖之滨的新校址。校长王世杰带领师生开展

自强弘毅 求是拓新

建校运动，"披荆榛，拓荒野，化荒郊为学府"（胡适语），建造美轮美奂的早期建筑，种植荫庇后世的玉树琼林。在武大校园里，树木树人，薪火相传，诠释了"明诚弘毅"的校训精神。

"士不可以不弘毅，任重而道远。"抗战期间武大西迁四川乐山，一身学问的历史系主任吴其昌，身患重病仍坚持上课。他说，"战士当死于沙场，教授当死于讲堂！"终至病倒讲台，英年早逝。

在乐山，校长王星拱广揽英才，学校大师云集，在艰难困厄中谱写了热血救国、学术报国的辉煌篇章，武大跻身"战时四大名校"。当时在校的师生中，后来有12人成为院士。那段峥嵘岁月，浸透了一种永远感召武大人的精神力量。

武汉大学流传最广、影响最深的，是关于学者的"传奇"。

上世纪二三十年代，武汉大学文学盛极一时，外文系的袁昌英、中文系的苏雪林和凌叔华三位女作家，被称为"珞珈三女杰"，享誉文坛。

20世纪40年代，同在美国哈佛大学留学的韩德培、吴于廑和张培刚被称为"哈佛三剑客"。他们是法学、史学和经济学领域的学术大师。

文学院先后聚集了一批现当代中国著名的学者，杨树达、黄侃、郁达夫、沈雁冰、周作人、钱玄同、林语堂、周建人、刘异、谭介甫、朱东润、游国恩、苏雪林、高亨、冯沅君、朱光潜、沈从文等，声震四方；20世纪50年代，中文系学术鼎盛，教师队伍阵容强大，刘永济、刘赜、徐天闵、陈登恪、席鲁思、黄焯、程千帆、沈祖棻等"五老八中"，闻名遐迩。

上世纪三四十年代，武大学者即在《自然》《科学》上发表了8篇文章；如今，谭崇台、刘纲纪、冯天瑜、胡德坤、舒红兵、周叶中等知名学者活跃在国内外学术舞台，"院士方阵"120余人挑起教学科研大梁。

校训精神孕育了尊重学者、崇尚学术的传统。

最近，博士生陃庆全破解了西药合成金属残留这一世界性难题。研究成果在国际顶级化学期刊发表后，不仅引得德国院士撰文点评，而且在国际上掀起了一股"无金属催化"的研究热潮。

武汉大学被誉为"创新人才的摇篮"。改革开放之初，武大走在时代大潮的最前沿，老校长刘道玉率先推行学分制等一系列改革。2004年，武大首创以"质量"和"创新"为中心的研究生质量教育培养模式。今日武大注重对学生进行创造、创新、创业的"三创"教育，培养具有国际竞争力的拔尖创新人才。为中国高等教育改革积累了宝贵经验。

校训既展示了学校的文化底蕴和精神风貌，又陶冶了一代代武大人的理想情操和价值追求。现行校训延续传统又与时俱进，1993年，时任校长的著名哲学家陶德麟发动师生讨论，凝炼出八字校训后，镶于学校正门壁墙，成为师生座右铭；2013年镌刻于新建校门广场的校训石上。有声有形的武大校训讲述了一个个感人至深的故事——

校友欧阳予以学报国，"外国人能干的，我们中国人也能干！"他研制出我国第一座军用核反应堆，完成了第一个由中国人自主设计建造的秦山核电站。

桂希恩教授以行立德，冒着生命危险深入疫区调查，拉响了艾滋病在中国大地蔓延的警报。"一个教授的5年，将惠及整个民族500年！"

武大先后有100余人次参加了我国全部30次南极科考，鄂栋臣教授等数签"生死状"，克服了常人难以想象的困难，创造了多个中国和世界第一。

30年接力科考谱写"传奇"，他们勇敢挑战人类极限，这些感人的故事，正是校训"自强、弘毅、求是、拓新"所承载的武大精神的生动体现。

太多的名字值得铭记，太多的故事需要传承。现在校长李晓红对校训这样解读：办顶天立地之大学，育顶天立地之人才；树创新、创造、创业之精神。

艰苦朴素 求真务实

——中国地质大学（武汉）校训背后的执着坚守

夏静　张松超　陈华文[1]

7月的中国地质大学（武汉）少了些往日的喧嚣，显得格外静谧。

"是那山谷的风，吹动了我们的红旗；是那狂暴的雨，洗刷了我们的帐篷。我们有火焰般的热情，战胜了一切疲劳和寒冷……"记者在校园碰到一群90后大学生戴着帽子、背着背包，唱着《勘探队员之歌》，准备去参加野外实习。

斗志昂扬的歌声，不仅唱出了地大人对地质勘探事业的执着，也唱出了校训"艰苦朴素，求真务实"的精神内核。中国地质大学（武汉）校长王焰新说："'艰苦朴素，求真务实'不仅是校友、曾任国务院总理的温家宝对学校办学理念与价值追求、内在精神和治学传统的总结，也是地大人半个多世纪以来文化积累和思想沉淀的真实写照。"

1952年，原北京地质学院在北京市海淀区建校时，那里一片荒凉。袁复礼、冯景兰等第一代地大人将从欧美学习到的先进地质理论和研究方法，与北大、清华等院校地质系的教学经验和方法相结合，使北京地质学院的教学工作自始就有了较高的起点，使其能在50年代培养出一批优秀人才。

1　夏静为光明日报记者，张松超、陈华文为光明日报通讯员。

1970年至1975年，北京地质学院迁出北京。师生四处漂泊，在办学条件极端困难的条件下，在武汉重新建立了一所新的地质学院——武汉地质学院。

　　如今，地大师生继续发扬"以献身地质事业为荣、以艰苦奋斗为荣、以找矿立功为荣"的"三光荣"精神，将学校建设成为以地球科学和环境能源科学为主要特色，理学、工学等其他重点学科协调发展的多科性高水平大学。

　　作为一所以地球科学为特色的高等学府，"登山"是中国地质大学（武汉）学子的必修课。

　　学校党委书记郝翔说："地学类专业的特征决定了必须到野外去，到艰苦的环境中进行地质勘探，而登山运动也是对人体能极限的考验和挑战，正是这两方面的因素，才孕育了地大的精神。"

　　一个个传奇的登山故事，让地大显得格外与众不同。

　　早在1958年，学校就组建了大学生登山队，并把登山运动列入了大学生体育的必修课。

　　1960年5月25日，校友王富洲实现了人类首次从珠峰北坡登顶的壮举。

　　2012年，地大珠峰登山队总指挥董范教授和三名在校大学生成功登上珠穆朗玛峰顶峰，这是由国内高校独立组织的在校大学生登山队首次登上珠峰。

　　喜马拉雅山主峰珠穆朗玛峰、乞力马扎罗山主峰乌呼鲁峰……几乎每个挑战人类极限的地方都留下了地大登山队的脚印。在校训精神的熏陶下，中国地质大学（武汉）登山队正准备用3至4年的时间，登顶七大洲最高峰，并徒步到达两极极点。

　　数学地球科学家、中科院院士赵鹏大说："20世纪五六十年代，国家发展建设中迫切需要各种矿产资源，师生们纷纷到最基层、最艰困的地方去进行地质勘探。不掌握登山的基本要领，地质勘探就成了空话，而登山中所蕴含的攀登精神，也正是不畏艰险、务科学之实校训精神的内涵。"

如今，艰苦奋斗的校训精神，已经成为地大校园文化的基本价值取向，浸润在每一个地大人的心中。

为了摸清我国西部的矿产"家底"，以王国灿教授为首的师生科研团队，从2012年夏天便进驻西准噶尔克拉玛依后山地区，在这片荒野上开展艰辛的地质研究调查，最终建立了测区岩石地层单位和年代地层构架，为后续三维地质填图工作奠定了良好的地面基础。

在"神舟"飞船的7次顺利飞行中，由地大中地信息工程有限公司独立研发的MAPGIS（地理信息系统）软件为飞船的"返回搜救系统"提供了良好的服务平台。

还有以"嫦娥工程"首席科学家欧阳自远等为代表的29位院士，国家体育场馆"鸟巢"总工程师李久林为代表一大批工程奇才……这些地大毕业生在不同领域书写着地大人的执着追求。

王焰新这样解读校训："'艰苦朴素'就是要坚持朴实无华、艰苦奋斗的作风。'求真务实'就是求大学之真，务艰苦奋斗、开拓进取、创建高水平大学之实；求科学之真，务勇攀高峰、探索地球系统科学等奥秘、追求人与自然和谐发展之实；求育人之真，务培养基础厚实、专业精深、知识广博的爱国爱校人才之实；求民主之真，务以人为本、依法治校、教授治学之实。"

勤读力耕 立己达人

——华中农业大学校训背后的学稼之梦

夏静　邓宜[1]

华中农业大学校园，湖光山色，鸟语花香，一边是波光潋滟的南湖，一边是积翠堆绿的狮子山。走进学校校史陈列馆，映入眼帘的是镌刻着"勤读力耕，立己达人"的校训墙。

古人云："耕可致富，读可养性。"当传统的耕读文化与近现代高等农业教育相遇时，迸发出的是华农人"勤读力耕"的躬耕精神。"立己达人"语出自《论语·雍也》："己欲立而立人，己欲达而达人"，诠释了华农人弘扬农学、贡献社会的精神。

凡民俊秀皆入学，天下大利必归农。"湖广总督张之洞为实现兴学富国利农的宏愿，于1898年创办了湖北农务学堂，这是华中农业大学最初的根脉。国学大师罗振玉受张之洞之邀出任湖北农务学堂监督，他创建的蚕桑实验室，是将中国延续数千年的耕读传统与近代高等教育办学理念紧密结合的一次重要探索，由此奠定了华中农业大学"勤读力耕，立己达人"办学传统的第一块基石。

抗日战争时期，学校西迁湖北恩施坚持办学，改建为湖北省立农学院，留美博士管泽良任院长，以"耕读""新农"为志。改革开

---

1 夏静为光明日报记者，邓宜为光明日报通讯员。

放新时期，学校更名为华中农业大学，沉寂了近60年的《湖北省立农学院院歌》拂去尘埃，被重新确立为学校校歌。摘自校歌的"勤读力耕，立己达人"8个字被确立为校训，成为华中农业大学这条航船的新航标。

在华中农大，广为传颂的是农学家"学农、爱农、务农"的躬耕精神以及他们具有的科学家头脑和种田人身手。

陈华癸教授，我国农业微生物学的主要奠基人。抗战时期他毅然放弃了国外优越的科研和生活条件，回国后致力于土壤和农业微生物研究，开辟了中国水稻田优势微生物类群和植物营养元素生物循环研究领域。

华农油菜试验田里，总能看见一个忙碌的身影，他便是被誉为中国"杂交油菜之父"的"农民院士"傅廷栋。一顶黄草帽，一个黄挎包，一双深筒靴，一个绿水壶，一套工作服，再加一个笔记本，这就是傅廷栋在科研舞台上"唱大戏"的"傅氏六件套"。

2008年，一场罕见的特大冰雪灾害袭击南方。作为国家柑橘产业创新体系首席科学家，邓秀新跋涉数千公里，一脚湿泥一脚雪，在农田里做学问，奔赴湖北、湖南、广西等地的柑橘主产区一线指导农民抗灾救灾，恢复生产。

半个世纪以来，从华中农大先后走出来了10多位两院院士，陈华癸、陈文新、赵其国、刘更另、王明庥、范云六、邓秀新、邓子新、张启发、陈焕春、熊远著、傅廷栋等享誉中国农业科技界和教育界。"菇神"杨新美、"橘翁"章文才、"红河人民的教授"倪德江等闻名遐迩。

华中农大党委书记李忠云说："作为农业大学，我们担负着服务'三农'的社会责任，强调把'顶天'与'立地'统一起来，把人才培养、科学研究与服务'三农'结合起来，致力于把学校办成'新人成长的世界''学术勃发的世界'。"

半个世纪以来，华农人仰望星空，扎根大地，一代一代，一步一步走在服务"三农"的道路上。每年暑期，院士、教授、学生齐下乡，开赴全国各地。从荆楚大地到黄土高原，从云贵山寨到江南水乡，他们把科技、文化、教育送到农家，这样的社会实践活动已经坚持了整整23年。截至目前，学校累计培养农业技术人员6万人次以上，培训农民超过100万人次。

华中农业大学历经百年沧桑，尽管校名几经变更，校址也再三搬迁，但始终步伐如一。一百多年的栉风沐雨、薪火相传，使得它因山而厚重，因水而灵动，因树而茂盛，因花而妩媚，因人而刚健。

华中农业大学校长邓秀新院士说："华农历经百年沧桑，数代学人薪火相传，呕心沥血，积淀形成'勤读立耕，立己达人'为核心的华农精神，是华农之本。经过多年的耳濡目染，华农精神已经融入我们的灵魂，内化于心，外化于行。"

笃信好学　自然宽和

——中南民族大学校训的故事

夏静　姚晓雪[1]

　　晴空之下，粼粼南湖水，巍巍双子楼，交相辉映。掩映在江城一片山水之间的中南民族大学，极目望去，苍翠黛碧，橙黄橘绿。

　　南湖之畔，双子塔下，一石独立，上书八字校训："笃信好学，自然宽和。"

　　校训八言，荦荦大端。笃信好学，语出《论语·泰伯》："子曰：笃信好学，守死善道。"寓意中南民大人忠于信仰，勤于治学，矢志不渝。"自然"引自蔡元培先生的教育箴言——与其守成法，毋宁尚自然，意指中南民大文化传统里对规律、对个性的尊崇。"宽"与"和"则源自中国古典哲学，所谓"宽宏仁厚""和谐共生"，是中南民大作为民族院校在处理民族关系、师生关系、学术关系上的办学理念，亦是中南民大人执着坚守的人文根源。

　　中南民族大学始于1951年的中南民族学院，是新中国成立后最早创办的综合性民族大学之一。60余载以来，几代民大人秉持"面向和服务少数民族和民族地区办学宗旨"的信仰和特殊使命担当，筚路蓝缕，风雨兼程，走过了创办、停办、复办、发展的艰苦创业历程。这

1　夏静为光明日报记者，姚晓雪为光明日报通讯员。

种踏实严谨的治学态度和民族大义担在肩的胸怀，正是"笃信好学，自然宽和"校训精神的源流。

20世纪50年代，严学窘教授率队奔赴海南，对海南22个黎族村点进行大规模考察，并撰写《海南岛黎族社会调查》一书，为新中国民族研究工作积累了大量宝贵资料。而后，对湘南瑶族"女书"的发现，更是被誉为"20世纪人类文化史上重大发现之一"。

民族学家吴泽霖一生心系我国少数民族文化教育事业，在其一手筹办下，诞生了我国第一所民族学博物馆——中南民族学院民族学博物馆。吴泽霖曾说："我去世后请不要为我开追悼会，也不要举行遗体告别仪式，只希望将我的骨灰撒在中南民族学院民族学博物馆附近的南湖水面上。"

在中南民族大学党委书记陈达云看来，"笃信好学，自然宽和"蕴含着学校所追求的价值取向和文化积淀，是一种共识和育人导向，体现了学校的办学思想、办学理念和办学定位。

风雨60余载，一代又一代中南民大人铸就了中南民大辉煌的历史，他们既是传道授业者，也是使命担当者。几代人的不懈追求，无不为"笃信好学"作出最好的诠释，并以师者的风范培养浸润了"全国民族团结进步模范个人"玛丽娅等一批批优秀的民族人才。

中南民大校长李金林这样解读校训："坚守心中美好理想，培育各族精英人才；担当民族复兴之重任，服务社会、服务公众、造福民族和国家。"

崇真尚美

——武汉纺织大学构建"美在纺大"精神文化

夏静　高建勋　侯庆[1]

一所拥有众多名模美女的大学，一所设计时尚美服的大学，一所引领美的风尚的大学——这就是武汉纺织大学。

在武汉数十所大学中，纺大留给人们最深刻的印象就是"美"。从20世纪70年代的"武汉纺织工学院"，到20世纪90年代的"武汉科技学院"，2010年为突出纺织服装学科优势和艺术设计特色，学校又更名为"武汉纺织大学"。建校50余年，校训"崇真尚美"引领着学校的校风、教风和学风建设。

"崇真"，引领师生追求真理、崇尚真诚。"尚美"则要求师生要陶化性灵、提升境界。

国家科技进步一等奖得主徐卫林教授说："我非常喜欢做具有自主创新特点的科研，也许十次失败了九次，但有一次成功的话，那么这个成功的意义就很大。"徐卫林以"对传统纺纱技术革命性的突破"使中国纺纱技术站在了世界最前沿。随后，他将湖北省科学技术突出贡献奖的100万元奖金全部捐出设立奖学金。朱平教授经过8年艰难攻关，最终攻克了从海藻中提取海藻酸纤维的技术壁垒，并自主设计研

1　夏静为光明日报记者，高建勋、侯庆为光明日报通讯员。

发制造了国内首条适用于海藻类纤维规模化生产的湿法生产线，年纺丝能力达500吨，打破了英、美两国技术垄断，获8项国家发明专利。生鸿飞教授在旅行和参加公益活动的过程中，四处寻找纺织文化的遗迹。在学校开设了"旅游地理"公选课，加入纺织地理的内容。2014年，他的公选课被列为国家精品视频公开课。

2008年，汶川大地震发生后，纺大大学生支教实践团队到灾区服务了一个月，创下"人数最多、抵达时间最早、服务时间最长"的全国之最。在震后的废墟上，纺大诞生的全国车模总冠军身着运动服、脚踩运动鞋，带着几十个灾区的孩子走着"猫步"，让世人看到了"人美""心美"的完美结合。

校园内外，优良的道德风尚在爱心传承中发扬。

纺大"蓝灯志愿团队"成立于2011年，长期关注、服务自闭症儿童群体。四年来，共为武汉400多名自闭症儿童及其家庭提供公益服务，筹集了2.6万元善款用于患病孩子的治疗。2012年"蓝灯志愿团队"被武汉市残联授予"武汉市自闭症儿童活动基地"。他们用当代学子的热情与大爱诠释着社会主义核心价值观的本质。

作为一所以"尚美"为名片的学校，纺大处处洋溢着时尚之美。服装学院教师张文辉、朱雯的作品先后亮相巴黎时装周。集中国传统文化、东方格调与西方文化于一体的设计，在世界顶级舞台上惊艳四方。

武汉纺织大学党委书记尚钢说："从'服饰美''艺术美'，到'精神美''行为美'。美，作为人类思想和行为追求的最高境界，已经被鲜明地印在武汉纺织大学科学研究、人才培养、文化传承、服务社会的旗帜上，深刻地沁入武汉纺织大学师生的骨子里。"

厚德博学 经世济民

——湖北经济学院校训的故事

夏静　常程[1]

汤逊湖畔，湖北经济学院带碧水、襟远山，宁静幽雅。学校大门口的校训石上，镌刻着"厚德博学、经世济民"八个大字。

"厚德"，源于《周易·坤》："地势坤，君子以厚德载物"，寓意学校"以德为先"的办学原则。"博学"，源于《礼记·中庸》："博学之，审问之，慎思之，明辨之，笃行之"，突出学校的办学特色。"经世济民"，源于《抱朴子·审举》："故披洪范而知箕子有经世之器，览九术而见范生怀治国之略。"作为经济类高校，树立"经世济民"之志，掌握"经世济民"之能，方能成为经济大家。

清末，汉口商业发展迅速。湖广总督张之洞大力兴办商业教育，指示商务局在商界筹款建立商务学堂。1907年10月，湖北商业中学堂在武昌问世，开创了我国商科教育的先河，这便是湖北商业高等专科学校的前身。

2002年9月，由湖北商业高等专科学校、武汉金融高等专科学校、湖北省计划管理干部学院合并组建的湖北经济学院正式成立。三源归流，一脉相承，历经艰辛而其志不泯。

1　夏静为光明日报记者，常程为光明日报通讯员。

百年风雨沧桑，湖北经济学院的校训也在时光变迁中积淀蕴成。校党委书记温兴生表示，校训是学校灵魂，学校以此安身立命、育才兴业。学校在培养人才时，注重以德为先、德才兼备，将来能够服务社会、服务人民。

如今，广大师生用实际行动不断践行着校训精神。"经院英雄"李六一，跳入深潭勇救落水女童，一时传颂苏鄂大地；大四女生杨瀚赢帮着母亲骑三轮车卖早点，背着患骨髓炎的弟弟辗转12家医院求医，坚守孝悌之义；"全国高校优秀辅导员"商守卫坚持住在学生宿舍，连续10年带领学生社团"星火学社"走进农村。

经过岁月的浸润与磨砺，"济民情怀"也成为经院人的价值取向和精神品质。在大山深处，吴天祥小组、星火学社、青年志愿者协会、蒲公英团队等志愿团队每年组成支教团，济困助学、教书育人。5年来，"大手拉小手，爱心伴你走"志愿服务项目开展"流浪儿童进校园"活动，为众多流浪儿童建立档案。学校每年开展暑期"三下乡"活动，以科学知识服务于当地经济，传承学校的教育理念和经院人特有的精神。

校长吕忠梅这样解读校训："厚德为魂，博学为基，经世为旨，济民为本。我们提倡德行、学识、责任和奉献的统一，立厚德博学之志，做经世济民之人。这是学校的历史与传统积淀，也是每个经院人的毕生追求。"

务求实学 存是去非

——浙江大学校训凝练的大学精神

石琳 单泠 严红枫[1]

"大不自多，海纳江河。惟学无际，际于天地。"一段流传了70余载的旋律，记录着一代代浙大学子"求是创新"的精神风貌。近日，在教育部新闻办公室官方微博"微言教育"发起的"校歌我点赞"活动中，浙江大学的文言校歌高居最受网友欢迎的高校校歌榜首。

如果说，校歌承载着一所大学的历史与文化，那么校训则以言简意赅的形式凝练了这所大学的精神。从求是书院到国立浙江大学，从1952年院系调整到1998年同根同源的四校合并成立新的浙江大学，浙大在百年的风霜洗礼中缓缓走来。求是，这两个在所有浙大人心中铭记的大字，就是百年沧桑沉淀的浙大精神。

1937年，在中华民族面临生死存亡的紧要关头，浙大毅然作出了举校内迁、流亡办学的决定。校长竺可桢率领全校师生，先后经过四次大的搬迁，于1940年1月到达贵州，在遵义等地坚持办学，直至1946年9月返回杭州。这段波澜壮阔的历史被彭真称为"文军长征"。

立"求是"为校训，是浙大西迁过程中最重要的历史事件，也是竺可桢留给浙大最宝贵的精神财富。浙大师生到达宜山不久就遭受了

---

1 石琳、单泠为光明日报通讯员，严红枫为光明日报记者。

疟疾的威胁。好不容易等到冬季，疟疾得到了控制，却不想日军的炮火悄然逼近。

在疾病与战火带来的双重阴霾下，1938年11月19日，竺可桢提议，经浙大校务会议讨论，正式确定以"求是"为浙江大学校训，并请国学大师马一浮撰写校歌，阐述校训精义。

竺可桢阐述"求是"精神核心：不只是做学问的态度和方法，而是涉及理想、责任、立身处世的要义，是"只问是非，不计利害"的科学精神。竺可桢的讲演《王阳明先生与大学生的典范》中有这么一段话："所谓无心同异，惟求其是，是阳明的博大不立门户的精神。阳明先生这样的话，正是'求是'二字最好的注释，也是我们治学做人最好的指示。"作为科学家，竺可桢一生倡导实事求是，追求真理。

诞生于西迁途中的"求是"校训，简单质朴却内涵丰厚，是浙大不断发展的根基与灵魂。从求是园中走出去的学子，每每谈起浙大，总会忆及母校校训的影响。诺贝尔奖获得者李政道博士曾亲身经历过浙大西迁，在建校100周年之际，他曾有过一番深情表达："一年'求是'校训的熏陶，发端了几十年来我细推物理之乐。母校百年，我在一年，百中之一，已得益匪浅。"

校训确立70多年来，一代代浙大人不断丰富了求是精神的内涵。为国捐躯的民主教授费巩，学生运动领袖于子三烈士，"两弹一星"勋章获得者王淦昌、赵九章等杰出的科学家们身上体现了"公忠坚毅，树我邦国"的奉献精神；国家最高科学技术奖获得者谷超豪、程开甲、叶笃正以及一大批为中国建设和发展作出卓越贡献的人们身上，体现了"兼容并包，无吝于宗"的合作精神。这些精神共同构成了求是精神的内在价值体系。

1988年，著名流体传动与控制专家路甬祥担任浙大校长。他进一步强调"求是系治学之本，创新乃科技之源"。校务会议决定以"求是创新"为新时期浙江大学校训。

1998年，同根同源的浙江大学、杭州大学、浙江农业大学、浙江医科大学合并组建了新的浙江大学。新的浙江大学以创建世界一流大学为目标，求是精神也得到了进一步的丰富和发展。

2010年6月26日，温家宝来到浙江大学图书馆，面对师生对浙大校训进行诠释："务求实学，存是去非"。他勉励同学们要大胆求知，务求实学，不骛虚声，不求虚名，以科学的态度学习做踏实的工作，做对国家和社会有贡献的人。

如今，每位初次走进浙大的学子，都会在紫金港校区门口的石碑上看见当年竺校长著名的两个问题："第一，到浙大来做什么？第二，将来毕业后做什么样的人？"求学时光里，浙大学子常常会用这两个问题来审视自我，而对求是精神的理解或许也就藏在对这两个问题的回答之中。

求是精神竺可桢题

竺可桢题词。

实事求是里的经世致用

——宁波大学的校训故事

张进中[1]

走进宁波大学北大门，穿过包氏教学楼，在绿草和树木掩映中树立着一块4米多高，质地为"晚霞红"的景观石，重20余吨。它镌刻着由著名书法家沙孟海1988年为宁波大学题写的校训"实事求是，经世致用"八个大字，笔势雄健大气，遒劲有力。

宁波大学确立"实事求是，经世致用"的校训是结合了地缘、人缘和学校的办学历史。

1984年3月，"世界船王"包玉刚慨然捐资在家乡建立宁波大学，邓小平题写校名。首任校长朱兆祥认为，一所新建大学只有提炼和努力打造自己的品牌特色，营造浓郁的人文氛围，才能真正发挥大学的职能。大学精神的形成，首先要设立宗旨、校训。宁波是历史上著名的"浙东学派"和"宁波帮"的发源地。"浙东学派"以"注重研究史料和通经致用"享誉史学界。"宁波帮"是对近代大批宁波人漂洋过海到世界各地，尤其是港澳台地区创业，取得辉煌成绩的美称。"宁波帮"商业巨头大都出身贫寒，以诚信、经世致用起家。"求是"是"浙东学派"的传统，"诚信""经世致用"是"宁波帮"的气质。在宁波

---

1 张进中为光明日报记者。

长大的朱兆祥非常仰慕这种精神。在宁大开学不久的校长办公会议上，他提议将"实事求是，经世致用"作为宁大的校训。2008年3月，学校正式确定"实事求是，经世致用"为宁波大学校训。

宁波大学校长沈满洪认为，"实事求是，经世致用"的宁大校训，蕴含了治学的目的、方法与价值，体现了宁大人的理想、信念与追求，表达了宁波大学办学的历史使命感与社会责任感。今天，"实事求是，经世致用"要求宁大人求真务实，学以致用，创新创业，为中华民族伟大复兴作出贡献。

在校训的鼓舞下，宁大人弦歌不辍、砥砺前行，在不到30年的时间里，把一所"只是一个点缀在大片农田上的小小校园"，发展到如今占地2767.68亩，学科涵盖经、法、教、文、史、理、工、农、医、管、艺十一大门类的中国百强高校。宁波大学的毕业生也用自己优异的表现印证了"实事求是，经世致用"潜移默化的影响力：法律系首届毕业生张学军2003年被推选为"全国十佳法官"；95级经济管理系庞升东自主创业，在2012年《财富》（中文版）公布的2012年"中国40岁以下的商业精英"榜单中排名25位。

旭日东升，朝霞满天。阳光洒在校训石上，也洒在匆匆走过的莘莘学子身上。"实事求是，经世致用"，宁波大学和宁大人在校训精神的指引下，正如蜿蜒东流在宁波大学南岸的甬江，奔腾前行。

博学 审问 慎思 明辨 笃行

——中山大学坚守九十年不变的校训

吴春燕　蔡珊珊[1]

　　1924年，孙中山先生为培养崭新的人才，创办了一文一武两所学堂，其中文学堂为国立广东大学，也就是中山大学的前身。走在校园里，从建筑的命名到校园里的雕塑，处处都能看到孙中山的"影子"。而"博学 审问 慎思 明辨 笃行"的十字校训，正是孙中山于1924年11月11日在国立广东大学举行成立典礼时亲笔题写的。

　　中山大学历史系教授邱捷表示："博学，就是要学生广泛地吸收中西文化的学问；审问、慎思、明辨，是要求学生多思考；笃行，是不能光停留在理论层面，还要实行。"这十字校训，是孙中山摘录儒家经典《礼记·中庸》中的名句。就在学校成立、校训公示的第三天，中山先生北上，5个月后在北京病逝。"博学 审问 慎思 明辨 笃行"的十字校训，也就成了孙中山留给中山大学的遗训。

　　从成立至今，中山大学的校训从未变更。90年里，中山大学大师辈出，学者的传奇代代相传，诠释着中大人尊德问学的优良传统。

　　1927年，鲁迅成为中山大学文学系主任，深入阐发了孙中山"革命不忘读书，读书不忘革命"的宣言。

1　吴春燕为光明日报记者，蔡珊珊为光明日报通讯员。

孙中山先生题写的中山大学校训。

　　20世纪50年代初，双目已经完全失明的历史学家陈寅恪，以口述的方式，历十余年，在75岁完成了《柳如是别传》。

　　被国际学术界誉为南中国生物防治之父的蒲蛰龙，1935年毕业于中山大学农学院，1949年在美国获得哲学博士学位并得悉新中国成立的消息，断然放弃优越的工作生活条件，历经一个月的航行回到中山大学任教。他的生物防治解决了南中国多个农业生产的难题，于1980年11月当选为中国科学院生物学部委员（院士）。

　　今天，中大的师生们仍然敬佩这些师长，敬佩他们的博学，更敬佩他们的笃行。

　　80岁的中文系教授黄天骥是新中国成立后中山大学的第一届大学生。在当年的老师当中，他最难忘的是岭南第一才女冼玉清教授。黄天骥回忆说："当年冼玉清教授请我吃东西，她从一个玻璃瓶里面只倒出一颗莲子给我吃。我回去跟同学们一说，大家都笑了，觉得这位女老师很吝啬。"但后来抗美援朝，国家号召捐款，冼玉清捐出了大半辈子的积蓄，这笔钱可以在当时的广州城任何地方买下一幢舒适的大房子。黄天骥感叹："国家有难，冼玉清老师教会了我们什么是校训中的'笃行'二字。"

中山大学校长许宁生表示："校训作为学校的文化基因，影响着一代代学子，每一位毕业学子又将校训精神传播到世界各地。中山大学在建设世界一流大学的进程中，选择回到校训'修身至诚'的本意：'人心向学'。心诚则事成。心要静，静则思远，思远则成大事。"

在四季青葱的中山大学校园中，"博学 审问 慎思 明辨 笃行"的十字校训，静静矗立在校园中轴线上，观时代变幻，看坚守不离。

忠信笃敬

——暨南大学校训背后的故事

吴春燕 季轩[1]

作为一所侨校，暨南大学是特别的。沿着校园右边的林荫大道走进去，只见美丽的明湖杨柳依依，学校大楼多被绿荫环绕，宁静宜人。

暨南大学成立于清光绪三十二年（即1906年），大臣端方创立高校、收取侨生的上书被清政府批准。从此，暨南大学作为中国华侨教育事业的摇篮，成为传播中华文明、维系海内外炎黄子孙的一条文化桥梁。百年来，暨南大学几经坎坷，几度迁址，始终没有舍弃"暨南"之名：由南京而上海，由上海而福建，直至定于广州，"暨南"作为一种信念和理想，被不同时代的暨南人传承着。

暨南大学的"忠信笃敬"校训源于《论语·卫灵公》："言忠信，行笃敬，虽蛮貊之邦，行矣。言不忠信，行不笃敬，虽州里，行乎哉？"旨在用传统文化对学生进行道德品行与人生修养的熏陶。

暨南大学校训具体何时由何人首先提出已无从考究，但早在南京建校时期即以"忠信笃敬"为校训。校友叶毓光在《南京暨南学校杂忆》中述及："立身忠信，行笃敬，校训谆谆诲我曹。"校友郑文奎在《南京时期的暨南学堂》一文回忆："校门'暨南学校'及校训'忠信

何炳松题写的暨南大学校训。

笃敬'皆由清末状元张謇书定的。"南京、真如时期的《国立暨南大学校歌》中也包含校训内容:"言忠信,行笃敬,尚勉哉,先哲言,终身诵。"

1935年至1946年曾任暨南大学校长的历史学家、教育家何炳松,大力倡导对侨生用传统文化砥砺品性,勉励学生以校训作为立身处世的行为规范。何炳松多次在学生毕业特刊上将校训作为题词:"随时随地仍能本其爱校热忱,实践母校忠信笃敬之校训,共同努力于民族复兴之运动,藉以增进本大学之荣誉,发扬本大学之精神。"

1949年暨大停办及1958年暨大在广州重建后,几乎没有人再提及"忠信笃敬"的校训。直至1989年,校训问题才再度引起暨南人的重视。1989年1月,新闻系教师邓照华上书当时主持学校工作的第一副校长何军及其他校领导,建议恢复暨南大学"忠信笃敬"的校训。这引起了校方的重视,暨南大学校刊也全文登载了这一建议。

经过长时间酝酿,并征得国务院侨办文教宣传司同意,1994年8月,学校校长办公会议正式决定恢复"忠信笃敬"的校训。

正如暨大党委书记蒋述卓教授在谈到暨南精神时所说:"暨南的命运总是跟国家的命运血肉相连,暨南几度被迫辗转迁移,甚至被迫撤销。物质性的东西丢失了,但是传统的精神却被暨南人拾起来,并不断传承下去。"百年来,也正是带着这份为人为事的执着与虔诚,暨南人才会坦然走过无数风雨,迎接新的时代与新的挑战。

南方之强，为国家"放一异彩"

——厦门大学校训的传承故事

马跃华　李静[1]

　　4月6日，我国近代教育史上第一所由华侨创办的大学——厦门大学迎来了93岁的生日。校庆大会上，校长朱崇实说："在93年的岁月中，厦门大学始终与国家同呼吸，与民族共命运。一代代厦大人始终牢记陈嘉庚先生的办学嘱托，秉承'自强不息 止于至善'的校训精神，'研究高深学问，养成专门人才，阐扬世界文化'，为国家富强、民族振兴、社会进步作出了重要的贡献。"

　　"自强不息 止于至善"的厦大校训，是厦大人90多年来的精神指针和行为准则。陈嘉庚当年创校时提出了"自强不息、教育救国"的理念。厦大第二任校长林文庆将校训定为"止于至善"。后来，厦大人将二者合在一起，定为校训"自强不息 止于至善"。

　　"自强不息"出自《周易·乾》的"天行健，君子以自强不息。"1921年，爱国华侨领袖陈嘉庚创办了厦门大学，期待这所学校成为"南方之强"，为国家"放一异彩"。当年4月6日，厦大举行开校式，演讲台中间悬挂的正是陈嘉庚指定的四个大字——"自强不息"。

　　"止于至善"语出《礼记·大学》："大学之道，在明明德，在亲民，

1　马跃华为光明日报记者，李静为光明日报通讯员。

在止于至善。"林文庆取"止于至善"的校训，意在表明厦门大学应该始终如一、永无止息地追求最高理想，在启智与道德上达到完美至善的境界。

90多年来，这八个大字始终铭刻在一代代厦大人的内心深处，并用自己的实践对它作出了最好的注脚。

1937年7月7日，抗战全面爆发。在战火的逼迫下，刚任国立厦门大学校长仅一天的萨本栋，果断将厦大完整地迁往山城龙岩长汀。当时长汀的条件很差，没有电灯，一到晚上，正常的教学、学习、生活都难以进行。萨本栋便把配备给他的小车拆了，将汽车的发动机改装成发电机，让长汀亮起了电灯。

就这样，在战争威胁与山城困苦的双重艰难中，萨本栋带领全体厦大师生，坚守住中国东南半壁的学业江山，也让"南方之强"的声誉传遍海内外。

菲律宾华侨实业家、教育家邵建寅71年前就读于长汀时期的厦大电机工程系。战火岁月中的厦大时光，在其心中"投"入了一笔受用一生的精神财富。时至今日，88岁的邵建寅常说："萨本栋校长的其言其行及学校员工在长汀时期的艰苦奋斗、自强不息的精神成为我后来做人做事的不竭动力。"

邵建寅只是厦门大学众多校友中的一名。建校迄今，该校共培养了20多万名学生，这些厦大校友用自己的勤奋与智慧，将"自强不息 止于至善"的校训深深镌刻在民族复兴的史册上。他们当中，有在结构化学领域作出卓越贡献的校友卢嘉锡；有为中国固体物理理论研究以及中国高等教育事业的发展奉献毕生心血的校友谢希德；有摘取"哥德巴赫猜想"这颗数学皇冠上明珠的校友陈景润……

历史车轮滚滚向前，厦大人也在不断丰富着"自强不息 止于至善"的精神内涵。从2013年起，厦大开始在每年的校庆大会上颁发"嘉庚奖章"，这是目前为止该校为学生设立的最高奖。迄今，奖章已经颁给了3名学生：在《科学》发表论文的研究生李阳、捐了两份造血干细胞的瘦弱女孩刘倩、科研成果入选"中国高校科技十大进展"的博士生朱从青。

有人说，从这几名获奖学生的身上，可以清晰地看到这所大学的价值风向标——努力为国家和社会培养一大批有理想、敢担当、有能力、肯实干的栋梁之材。

至诚至坚 博学笃行

——安徽大学校训背后的故事

李陈续[1]

　　"至诚、至坚、博学、笃行"。清晨，当第一缕阳光照进安徽大学绿草茵茵的磬苑广场，南北两侧的校训卧石在阳光下熠熠生辉，与远处的地标建筑——文典阁图书馆，由低到高构成一幅从历史走向未来的生动画卷。

　　安徽大学校训，是经过60多年文化积淀而于1996年底确定的，由著名宗教界人士、书法家和社会活动家赵朴初先生题写。"至诚、至坚、博学、笃行"八字中，有六字出自《礼记·中庸》，与传统文化紧密结合。"至诚"是传统儒家的最高道德境界，"至坚"提炼自学校乃至时代对人的品格要求。"至诚至坚"是指以诚实、诚信和坚毅、坚定为目标的人生修养过程，是对"德"的要求；"博学笃行"是指以渊博、深厚和笃实、诚笃为指标的学行态度，是对"才"的要求。"诚""坚""博""笃"四个字，强调了学习的目的和学习的方法，浓缩了安徽大学人才培养的不懈追求。

　　从1928年走来的安徽大学，既以校训固化了传统的办学精神，也一直以校训鼓舞激励着一代又一代莘莘学子。

1　李陈续为光明日报记者。

篤行 博學 至堅 至誠

赵朴初书

赵朴初题写的安徽大学校训。

1932年，中华民族处于危亡之际，时任安徽大学校长的程演生要求学生："一要有刚毅坚韧的志气，二要有诚笃淳朴的行为，三要有精密公正的思虑。"希望安徽大学培养的学生能够"负起复兴中国的责任"。

"读书是愈读愈穷的，要从读书来发财，那便是背道而驰。"1946年，国立安徽大学首任校长陶因在开学典礼上如是说。"卓然不为流俗所移"，陶因的这句肺腑之言正是教导学生要"至诚、至坚"，塑造诚实和坚贞的人格，也激励着一代又一代的安大人坚定前行。

1960年，时任中共中央政治局委员、国家副主席的董必武来安徽大学视察工作。在离开合肥前为学校题词："极深研几，学以致用，力争上游，手与脑共，攻破尖端，科学是重。""学以致用""手与脑共"又何尝不是对"博学、笃行"更深的诠释。

岁月的沉淀，让校训内化成共同的信念、不断前行的动力。

安徽大学"三基并重，全面发展"的培养模式创新，让本科人才培养质量获得社会广泛好评；人文社科领域的中国传统文化特别是汉语言文字研究处于国内一流水平，应用社科研究为区域经济社会发展发挥着思想库作用，自然科学和工程技术研究面向国家和区域发展战略，走产学研用结合之路，发挥了重要的科技支撑作用；在世界三大洲建有3个孔子学院、5个语言中心，留学生规模逐步扩大，国际化程度逐步增强。

安徽大学校训得"潜岳苍苍""江淮汤汤"——苍劲而优美的自然之气，承"夏商肇启""管仲蒙庄"——丰厚而深邃的文化之风，弘"文化丕成，民族是昌"——大学之使命，融传统与现代、科技与人文于一体的办学理念和育人境界而成。八字校训展现的是安徽大学人激流勇进的精神风貌和一个个平凡却感人至深的故事。

李世雄教授以"至诚"的精神始终奋战在教学、科研的第一线。40年来，只有半边肺、半个胃的他以顽强毅力坚守在教学科研第一线，勤勤恳恳，培养了一大批学有成就的科技人才，取得了一系列重大科研成果。"做学问不要计较一时的利益，贵在坚持，不怕慢，只怕站。只要方向对，总会有成绩。"李世雄常这样说。

何琳仪教授以学报国，所著《战国文字通论》是第一部战国古文字通论性著作，已成为海内外古文字学者案头必备工具书之一。64岁仍坚持抱病讲课的他倒在了自己钟情一生的讲台上，永远地离开了人世。他用生命诠释了"春蚕到死丝方尽，蜡炬成灰泪始干"的真正含义。

何家庆教授徒步闯荡大别山、皖南山区和大西南深山老林，历时305天，跨越8省区，行程31600公里，为108个县的芋农讲授魔芋栽培技术，经历九死一生而不悔："我是人民教师，当为人民服务。"他用知识的杠杆撬开贫困山区致富的大门，用步履丈量出"至坚"的深度。

旭日东升，朝霞满天。阳光洒在校训卧石上，也洒在匆匆走过的莘莘学子身上。"至诚、至坚、博学、笃行"，安徽大学人在校训精神指引下，励志践行。

实事求是 敢为人先

——湖南大学的校训故事

唐湘岳　戚家坦[1]

今年4月9日，春花烂漫。胡锦涛同志访问湖南大学，并参观了湖南大学的前身、中国古代四大书院之一的岳麓书院。据当天全程陪同胡锦涛同志并负责讲解的湖南大学岳麓书院院长朱汉民介绍，在岳麓书院讲堂，锦涛同志对"实事求是"的匾额很感兴趣。

阳光穿过樟树和银杏，一束束投在赫曦台上，庭院深深。走进这所创办于公元976年的岳麓书院，讲堂前"实事求是"的匾额总会吸引大家的目光。这里的"实事求是"是1917年书院改制时期，湖南公立工业专门学校校长宾步程提出的"校训"，原文出自《汉书·河间献王传》的"修学好古，实事求是"。

1916年至1919年，毛泽东曾寓居于岳麓书院的半步斋，在这里每日面对"实事求是"匾额，对这个古老命题有所思考。"实事求是"对他的思想形成产生了深刻的影响。1937年毛泽东在延安抗日军政大学讲课后，曾仿岳麓书院，书"实事求是"作为抗大校训。在后来的革命实践中，毛泽东丰富发展了"实事求是"的内涵，使其成为毛泽东思想的精髓。

1　唐湘岳为光明日报记者，戚家坦为光明日报通讯员。

湖南大学岳麓中华书画研究院院长
王德水手书的湖南大学校训。

穿过"实事求是"匾额，在书院讲堂两壁嵌有"忠孝廉节 整齐严肃"八个石刻大字。这是由三任湖南大学校长、著名的教育家胡庶华先生在1932年11月提出，也是继"实事求是"之后湖南大学的校训。在1933年5月18日校务会上，胡庶华先生如是说：

"余承乏本校之始，即与同人谋所以发扬民族固有之精神者，爰于——七次校务会议议决，以宋朱晦庵先生所书'忠孝廉节'、清欧阳尧章先生所书'整齐严肃'为校训。实为本校历史之瑰宝。"

朱晦庵即宋代理学大师朱熹先生。朱熹任湖南安抚使时，修整岳麓书院，亲订学规，并讲学其中，所书"忠孝廉节"明代曾嵌于尊经阁。现存石碑为清道光七年（1827年），山长欧阳厚均刊立。在古代没有校训一说，但以碑刻的形式公之于讲堂，并镶嵌于壁以为长久，足可见其地位之重要，实际上就是当时的"校训"。据此，在"实事求是"校训之前，湖南大学的校训便为"忠孝廉节"。

千余年来，从岳麓书院到湖南大学，十余次办学体制改革，历经沧桑，宠辱不惊。湖南大学校训也经历了一个从"忠孝廉节"—"实事求是"—"忠孝廉节、整齐严肃"—"实事求是 敢为人先"的发展演变过程。湖南大学现在的校训"实事求是 敢为人先"则是湖南大学师生前前后后花了一年多时间才得以确定的。

2001年，湖南大学在全校深入开展了校风校训和湖大精神大讨论。师生们普遍认为，"实事求是"是对岳麓书院"通经致用""爱国务实""重践履、务实学、遁时务"精神的发展，而"敢为人先"则是对以岳麓书院为代表的湖相学派以及湖湘文化精髓"敢为天下先"精神的传承。2001年12月，湖南大学新时期的校训"实事求是 敢为人先"在湖南大学五届一次教职工暨十一届一次工会会员代表大会上最终高票获得通过。

千年弦歌，学脉绵延。湖南大学现任校长赵跃宇，被称为"中国职业校长第一人"。在其2011年上任之际率先提出"两不承诺"：担任校长期间不新带研究生，不申报新课题。不亲自带学生，是为了带好全校所有的学生；不做课题，是为了全校的老师能够做好课题。

正在忙于制定大学章程的赵跃宇说，湖南大学而今的校训看似简简单单、明白如话，浸淫的却是千余年优秀文化传统的精髓，其背后的故事实难言尽，倘若能够领略一二，便可受益终生！

朴素无华 低调务实

——重庆大学十二字校训背后的故事

凌晓明　徐方正　张国圣[1]

"老人倒地扶不扶？""路见不平吼不吼？""乞丐伸手给不给？"2014届学生毕业典礼上，重庆大学校长周绪红院士连发三问，每一问都得到了13000余名毕业生响亮的回答。这些即将离开母校的学子，又一次在背景墙上看到了校园处处可见的校训：耐劳苦，尚俭朴，勤学业，爱国家。

诞生于1929年的重庆大学，创办之初恰逢"实业救国""教育报国"风起云涌之际。时代风雨飘摇，学校也举步维艰，办学经费主要靠征收农民的"猪肉税"。抗日民主运动的蓬勃发展和冲破黑暗迎接新中国的特殊使命，使重庆大学逐渐明确了学生培养的目标、方向和标准。1936年第一学期开始实施的《重庆大学训育及管理方法》提出："训育学生之标准"为"耐劳苦，尚俭朴，勤学业，爱国家"。"我们的校训虽无经典出处，但言简意赅、隽永如斯。'耐劳苦'是人才成长的前提，'勤学业'是人才成长的途径，'尚俭朴'是重大人生活的态度和风格，'爱国家'则指明了重大人人生事业的根本。回溯重庆大学的发展史，就是一部遵循校训、充实校训、发扬校训并坚韧、执

1　凌晓明、徐方正为光明日报通讯员，张国圣为光明日报记者。

着、顽强的奋进史。"重庆大学党委书记欧可平说。《重庆沙磁文化区创建史》则称"重庆大学的建立，不仅把沙磁地区原有的优良文化和近代产业文化的进步精神继续向前推进，同时又把重庆地区的文化含量和精神味提高到了一个新的高度"。

80多年来，"耐劳苦，尚俭朴，勤学业，爱国家"的校训，潜移默化地激励着一代又一代重大人。这里是红岩精神的发祥地之一，重庆大学的周均时、张现华等7位师生在1949年重庆"11·27大屠杀"中为人民的革命事业光荣地献出了他们宝贵的生命。1947年，著名无线电通讯专家和地球物理学家、时任重庆大学工学院院长冯简教授，成为我国第一位赴北极观察北极光、研究北极磁场对短波通信影响的学者。1952年，31岁的重庆大学青年教师徐僖研制出我国第一批五棓子棓酸塑料，结束了我国塑料生产靠进口的历史。1937级校友周世尧，在美国留学期间多次被挽留，但他却总是坚定地说："这里的生活条件虽然优越，但这是你们的国家，我必须回去为祖国效力。"回国后的周世尧，成为我国石油钻井专业的第一位教授，将一生都奉献给了我国的石油事业。

"嘉陵与长江相汇而生重庆，人文与科学相济而衍重大。"在重庆大学的办学过程中，"耐劳苦，尚俭朴，勤学业，爱国家"的校训，始终发挥着导向、凝聚、激励、熏陶和感染的作用。在这种精神感召下，85年来，重庆大学先后培养了40余名院士，成为当今我国高等教育第一方阵的高校。

微言大义，传承不息。"重庆大学的这十二字校训，朴素无华，低调务实，历久弥新，如精神图腾般激励和影响着一代代重大人，成为重大精神文化的标志和根源。"周绪红说。

历久弥新川大魂

——四川大学的"海纳百川，有容乃大"

危兆盖　李晓东　曹薇[1]

又是一年毕业季。即将奔赴祖国各地的四川大学学子在告别母校前，总要完成一项"传统项目"——往来于学校的三大校区之间，在众多"川大地标"前留下美好的青春记忆：望江校区中西合璧，梁思成风格的明德楼气势恢宏，群荷竞绽的双荷池风情旖旎，百年校庆修葺的钟亭质朴肃静……华西校区古意盎然，沧桑历尽的古建筑群风貌不减当年，万德堂幽静雅致、月荷池青翠环簇、钟楼下双桥烟雨……而人声最鼎沸处，莫过于那别具特色的历史文化长廊，它依傍近千米长的景观水道，以70多座气势恢宏的台历型石雕，图文并茂地展示川大100多年间的风雨历程与辉煌成就。长廊尽头，矗立着仿照昔日国立四川大学时期修建的东大门，门后波光激滟，迎面而来的第一组石雕镌刻着川大校训——"海纳百川，有容乃大"，格外引人注目。

流连于校训前的，不仅仅是即将毕业的学子。两个多月后，2014级的每一位新生，都将修习入校后的第一门课——游览历史文化长廊，在画卷般展开的川大历史前，体悟深厚底蕴、感念先贤志士、吟诵百年弦歌。日后，他们将根据专业分散到各学院学习、生活，虽然

1　危兆盖、李晓东为光明日报记者，曹薇为光明日报通讯员。

三大校区风情迥异、文理工医各有千秋，他们却会彼此相融、互不隔绝，这样"融容"的气质，正是校训"海纳百川，有容乃大"的完美体现。

四川大学校长谢和平书写的川大校训。

历久弥新川大魂。"海纳百川，有容乃大"一句，出自民族英雄林则徐题于书室的一副自勉联，而追忆川大历史，也同样是纳百川之流、容中西学识的过程。两百多年前，作为川大发端之一的锦江书院有一名联，曰"稽古在平生，可信锦囊无俗物；论文或不愧，试看江水有源头"。若论起源头，严格意义上的川大其实以清末洋务派代表人物鹿传霖创办于1896年的四川中西学堂为肇始，旨在传授"西文西艺"。1902年，四川中西学堂与倡导"中学为体，西学为用"的尊经书院、号召"先经义而后时文，先行谊而后进取"的锦江书院合并，堂院同归，组成四川通省大学堂（四川省城高等学堂），实现了川大历史上第一次三强合并，一举成为当时蜀地新式学堂的范例和川内最高学府。此后，历经十数次整合重组，十数次改弦易张，校训也随之不断变化。直到成都科技大学和华西医科大学的先后并入，实现了三强合并，文理工医相互填补、共同促进，此时的川大才明确以"海纳百川，有容乃大"为校训。不仅因为此八字恰嵌合"川大"二字，更因其正是对川大历史、文化传统、办学理念、人才培养目标的绝佳诠释。

如今的川大，仍以大水之势不断推陈出新。校长谢和平院士曾以"三种境界"解读川大精神："兴来逸气如涛涌，千里长江归海时"，以和谐包容的心态汇聚各长；"八月长江万里晴，千帆一道带风轻"，以继承发展的精神兴盛川大；"长风破浪会有时，直挂云帆济沧海"，以创新创造的意识再造辉煌。

精勤求学　敦笃励志
果毅力行　忠恕任事

——西南交通大学校训的故事

李晓东　危兆盖　蔡京君　朱炜[1]

　　漫步西南交通大学校园，各式建筑线条硬朗、整齐划一。一泓碧波荡漾的镜湖，为西南交大校园增添了几分柔情。镜湖畔，黄桷树下一巨石静卧，上书16字："精勤求学、敦笃励志、果毅力行、忠恕任事"。这就是西南交通大学的校训。

　　西南交大前身是肇始于1896年的山海关北洋铁路官学堂。建校初期，学校本无明确的校训。不过，作为我国近代建校最早的国立大学之一，其立学宗旨和管理制度却十分明确。1928年，唐、平、沪三所交通大学合并，国民政府铁道部部长孙科兼任校长，提出要"从精神上提起交大的精神"，并于1930年5月正式确立"精勤求学、敦笃励志、果毅力行、忠恕任事"的校训。

　　16字校训，句句有来历，字字如珠玑。《后汉书》《左传》《尚书》《论语》分别有"在事精勤""尽力莫如敦笃""尚迪果毅""夫子之道，忠恕而已矣"的表述。校训浸润着中华传统文明的养分，是学校师生做人、做事的指引。

1　李晓东、危兆盖为光明日报记者，蔡京君、朱炜为光明日报通讯员。

提及西南交大的毕业生，离不开"踏实""勤奋"。每一个交大学子都深深浸润在"严谨治学、严格要求"的传统中，他们学习之楷模、致敬之典范就是交大历史上著名的"五老四少"。"五老"之首罗忠忱教授，长期讲授应用力学和材料力学两门课程，却从不用过去的讲稿，每次课前都认真准备，写出讲稿。课堂上，他徒手在黑板上画圆，几乎与圆规画的一模一样，更是其教学功底深厚之表现。

犀浦校区人文中轴线上，矗立着一座座学术大家、工程大师的塑像。黄万里、林同炎、张维、严恺、刘恢先……他们是西南交大培养的数以万计的卓越人才中的佼佼者。作为中国轨道交通事业发展进程中最为重要、影响最大的一所高等学府，西南交通大学有力支撑了中国轨道交通事业从弱到强的历史性跨越，诞生了中国轨道交通发展史上的多个"中国第一""世界第一"。这一切，皆源自交大人对精勤求学、忠恕任事的执着坚守，对弘文励教、交通天下的不懈追求。

交大校训沉淀了历史，影响着当下，启示着未来。交大校训是交大人为人、为学的行为指引，构筑起由历史到现实再到未来的奋斗之桥。

求实求真　大气大为

——电子科技大学的"国家情怀"

李晓东　危兆盖　何乔[1]

电子科技大学微电子与固体电子学院2014级新生王晓澜还记得来校报到时，在教学楼前赫然映入眼帘的"求实求真，大气大为"八个鎏金的大字——这就是电子科技大学的校训。

在开学典礼上，他和其他新生一起聆听了师长的演讲和寄语。"站在国家的高度看自己，把个人的选择和国家的需要紧密相连"，这是电子科技大学校长、中国工程院院士李言荣对新生的期望，也是对"成电精神"的一种诠释。

电子科技大学原名"成都电讯工程学院"（简称"成电"），始建于1956年，是在周恩来总理的亲自部署下，由多所高校的电子信息类学科合并创建而成的。

电子科技大学从一开始就肩负着为国防信息化建设和民族电子工业培养、输送电子信息技术专业人才的光荣使命，被誉为"电子类院校的排头兵"和"民族电子工业摇篮"。

58年前，老一辈成电人在国家百废待兴时自觉地作出了自己的

1　李晓东、危兆盖为光明日报记者，何乔为光明日报通讯员。

选择。

1951年，在美国求学的林为干博士，放弃了在国外"开小汽车""穿皮鞋"的生活，宁愿回国"骑自行车""穿布鞋"。1957年林为干来到成电，致力于微波研究数十年，终成一代巨擘，被誉为"中国微波之父"。

1956年，当年二十多岁的刘盛纲离开了条件相对较好的东部地区，来成电艰苦创业，成为杰出的物理电子学家，荣获世界电磁波科学最高奖"BUTTON奖"。古稀之年，他又将目光转向了国际前沿的太赫兹新领域，被誉为我国太赫兹科学的先驱。

如今，电子科技大学已拥有八位两院院士、四十位国家"千人计划"专家、二十多位长江学者和十多位国家杰出青年科学基金获得者。

"求实求真，大气大为"，既是做人的道理，又是做事的准则。"求实"，就是要一切从实际出发，实事求是。"求真"，就是要在科学探索时追求真理，在教书育人时传授真知。"大气"，就是要有敢为人先、追求卓越的气魄和胸怀全局、包容开放的气度。"大为"，就是要在人才培养、科学研究、社会服务、文化传承创新上作出大贡献。

立大志、成大器、为国家作大贡献，这是成电人矢志不渝的追求。成电人知道，"要实现这个目标，除了要掌握专业知识，还要努力全面发展，砥砺自己的品行、完善自己的人格、夯实自己的底蕴，把业余做成专业水平、把兴趣做成高端事业，中西融汇、古今贯通，这就是成电人的情怀"。

远举高飞 博学笃行

——中国民航飞行学院的校训故事

练玉春　李忠粮[1]

2014年12月30日，新型国产支线飞机 ARJ21-700从上海飞抵北京，正式获得中国民航局颁发的型号合格证。面对鲜花和掌声，首席试飞员赵鹏表示："这一路上，激励我们不断向前的动力，是国家、民族和责任的召唤。"透过赵鹏的一席话，人们能够感受到一种精神和品格，这就是对国家、对人民、对事业的忠诚。当然，这也与滋养他的大学精神密不可分。

赵鹏就读并曾留校任教的学校——中国民用航空飞行学院（简称中飞院），位于物华天宝、人杰地灵的成都平原，是新中国创办的第一所全日制公办高级航校。"远举高飞，博学笃行"的校训，是天南地北的中飞院人所身体力行的信仰。

"远举高飞"，取自宋·吴潜《八声甘州·和魏鹤山韵》中的"矫首看鸿鹄，远举高飞。"意指飞得又高又远、目标宏伟，寓意前途光明远大。"博学笃行"，引自《礼记·学记》中的"博学而不穷，笃行而不倦。"意指要泛而深入地学习，对事业锲而不舍，百折不挠的精神。

作为中飞院第一任政委，江围对学校创建的全过程记忆犹新：

---

1 练玉春为光明日报记者，李忠粮为民航报记者。

1955年4月11日,"克仁米尔公主号事件"发生后,周恩来总理在8月17日与新任民航局长邝任农谈话时指出:民航不飞出去,国家就打不开局面,一定要飞出去,才能打开局面。根据这一指示,民航局于9月2日,启动了建校筹备工作,并将培养"一定要飞出去"的国际化人才和服务民航发展的其他专业人才,作为学校的根本任务。

1956年5月26日,周恩来正式批准创办"中国民用航空局航空学校";9月11日,毛泽东主席签署中央军委令,任命了学校军政主要领导;9月23日,国防部长彭德怀签发命令,学校转为空军建制,更名为中国人民解放军第十四航空学校。

1956年11月22日,在学校第一次党员代表大会上江围要求,必须以只争朝夕的精神,加快建校步伐,争取早日为国家培养出有"鸿鹄之志",善"高飞远翔"的航空人才。在靠师生自建校舍、教室,靠人力、马拉运输设施、设备,靠油灯照明、挑水生活的艰苦条件下,中飞院第一代创业者们,以使命和责任为发端、以忠诚和勤奋为阶梯,追求进步,推动发展,他们的这种情怀与境界,决定了中飞院的精神文化内核。

1963年5月,教育部向国务院报告,将学校列入高等学校名单。同年10月,学校更名为中国民用航空高级航空学校。而后,再次转入空军,1980年又回到民航。

尽管学校的建制在变,办学层次、办学规模在变,但不变的是人民军队的光荣传统,不变的是培养政治坚定、忠于人民、纪律严明、知识广博、技术精湛的航空人才。也正是在这些变与不变之中,"远举高飞,博学笃行"的校训,已成为中飞院人共同的价值取向和精神品质。

于是,在"蓝天英雄榜上"有了血洒蓝天的空军战斗英雄杜凤瑞、有了视人民利益高于一切的英雄机长刘晋平和反劫机英雄王仪轩，以及近年涌现的"见义勇为中飞院群体"——勇斗歹徒的"民航青年五四奖章"获得者吴骏、勇救落水儿童的"全国三好学生"周鹏、成功营救被火灾所困女孩的朱华忠等，一串串中飞院校友的名字闪光在天空大地。

改革开放以来，尤其是近年来，中飞院以"人无我有，人有我新、人新我精"的胆识与魄力，深化改革、加速发展：瞄准中国民航国际化进程，推动教育教学改革，在全国率先按CCAR-147部培养应用型"卓越航空工程师"；在全国高校中率先创立订单式人才培养模式；为适应世界飞行训练改革趋势，在全球范围内率先实现了采用"MPL"课程，成规模培养民航飞行员；以应用科技创新为突破口，开发出具有自主知识产权的ADS-B系统，大大提高了空域资源利用率，为我国通航大发展做好了技术准备。

今天，走过59年风雨历程，中飞院已为国内外培养了近10万名各类航空专业人才，其中包括占中国民航90%以上的机长和一大批民用飞机试飞员。他们用"飞得高、飞得远、飞得正、飞得好"的人生轨迹实践校训，谱写中国梦的民航华彩乐章。

"兴业尽责"

——河北科技大学"再试一次 定会成功"的精神凝聚

耿建扩　谢正宇　耿坤丽[1]

2006年11月，河北科技大学召开了一场特殊的专家论证会，内容是讨论学校校训。自年初启动形象识别系统建设工作以来，关于校训形成了三种方案。经过论证，与会专家一致认为"兴业 尽责"更适合做校训。

在一个月之后举办的形象识别系统发布会上，"兴业 尽责"成了这所具有50年办学传统、合校10年学校的校训。"兴业"概括了这所正在蓬勃发展的学校的性质和定位，"尽责"体现了所有科大人的道德追求。学校延请书法家旭宇题写校训，旭宇欣然答应。此后，"兴业 尽责"四个大字镌刻在'校名石'背后，成为河北科大人行为的内在要求和价值观取向。

生物医药领域的知名专家刘守信教授在科学研究的道路上奋斗了整整30年，并于2014年6月入选河北省第三批高端人才。他的"化学合成联酶法 D—对羟苯甘氨酸的生产技术"等项目连续三次获得河北省科技进步一等奖，所研发的每一项技术都实现了产业化，累计新增产值约43.6亿元，产生了显著的经济社会效益。刘教授坦言，科学研

1　耿建扩为光明日报记者，谢正宇、耿坤丽为光明日报通讯员。

兴業盡責

书法家旭宇题写的河北科技大学校训。

究之路总会不断地遇到挫折和失败，是"兴业 尽责"的校训激励他砥砺前行。"不要轻易否认一件事情，要有'再试一次 定会成功'的勇气与毅力。成功是随失败而来的，只有发现了问题才能取得意想不到的效果。"刘守信对记者如是说。

今年即将退休的文法学院教授刘秀艳，依然坚守着自己33年前对教育事业的那份信念。作为马克思主义基本原理学科带头人，她始终将党的最新理论成果在第一时间讲授给学生们。虽然有近20年的糖尿病病史，刘秀艳却没有因此耽误过一节课，即使病情加重时，答应的事情从没有失过一次约。做到这些，她凭借的就是对学生要尽全部之责的信念。她常说："我热爱教育事业，就要用一生去做好，用一生去坚守。"

化工学院学生辅导员吴海霞同样以自身行动诠释着"兴业 尽责"校训的内涵。刚刚参加工作时，面对父亲病逝、母亲瘫痪、哥哥患白血病离世的重大家庭变故，吴海霞为了肩上的责任和心中的坚守，连续在学校值班63天。吴海霞以情育人，助力学生成长，在学期之初让所有同学把本学期的小愿望和大理想写下来并帮助他们实现。吴海霞说："既然从事了这份工作，就有责任把它做好，不断进取，勇往直前。"

河北科技大学党委书记计卫舸表示："校训作为一个学校的灵魂，体现了对师生行为的内在要求。在建设特色鲜明的全国知名大学进程中，每一位科大师生要将'兴业 尽责'校训转化为内在动力，对事业、学业要精益求精，不断进取，永葆学校发展的生机与活力。"

明德新民　止于至善

——河南大学校训背后的故事

刘先琴　张召鹏[1]

在河南大学明伦校区，建于1936年的南大门上柳体金字书写的校训赫然醒目——"明德新民，止于至善"。从战火纷飞的革命时期到信息爆炸的网络时代，出入此门的河大师生，时刻将之铭记于心。

1912年9月，河南大学的前身河南留学欧美预备学校在河南贡院的旧址上应运而生。首任校长林伯襄将"以教育致国家于富强，以科学开发民智"作为办学宗旨。1922年，时任河南省督军的冯玉祥主张在河南创办大学。当年11月，在预校的基础上，中州大学成立，后易名为国立第五中山大学、河南省立河南大学，于1930年9月改名为河南大学。

从留学欧美预备学校到如今的河南大学，历届校长都特别重视对学生爱国意识的培养。如查良钊校长在校内树碑，置济南惨案弹壳于其上，并在碑上刻警语，勉励全校师生奋发图强，勿忘国耻。张仲鲁校长明确提出，要以"研究高深学术、培养专门人才、推广高等教育"为办学宗旨和理念。正因如此，河大师生在潜心研究学问的同时，始终心系国运，从未停止过追求光明和真理的脚步。

1　刘先琴为光明日报记者，张召鹏为光明日报通讯员。

1935年6月，刘季洪出任校长。他从《礼记·大学》中选取"大学之道，在明明德，在亲民，在止于至善"一句，形成校训"明德新民，止于至善"。1936年10月，河南大学南大门落成，校训被镌刻于内侧门楣之上。

　　所谓"明德"，就是弘扬与培养崇高的道德，通过学习和实践来培养优良的品德。所谓"新民"，就是培养正确而富于创新的思维能力，用自己所学启发民智，担当社会责任。所谓"止于至善"，宋代大儒朱熹在《大学章句》中阐释说："止者，必至于是而不迁之意；至善，则事理当然之极也。言明明德、新民，皆当至于至善之地而不迁。"意思是要得到全面、健康的发展，达到尽善尽美的最高境界。

　　"明德新民，止于至善"，不仅是河大人文精神的体现，而且成为河大办学的终极追求。由于日寇入侵河南，河大师生被迫离校，辗转多地，在潭头小镇栖身5年。无论环境多么恶劣，河大人都坚持办学，以实际行动践行着校训，成为文明和科学的倡导者、实践者与播种者。1942年3月，河南大学由省立升格为国立。1944年，河南大学被评为全国国立大学第六名，在中国抗战时期高等教育史上写下了值得自豪的一页。

　　在百余年的办学历史中，秉承"明德新民，止于至善"的校训，河南大学虽历经坎坷，但孕育出一大批高校，分离出许多系科专业，成为中南6省区高等教育发展的母体之一。2012年9月，在河南大学建校百年庆典上，教授王立群说："'明德新民，止于至善'的大学精神随着时间的淘洗而历久弥新，成为几代人一贯的、不变的坚守。"来自台湾的93岁校友管守严说："河大人要牢记校训，再努力，再进步，让河南大学在已有的基础上，继续精进，为国家培养21世纪需要的人才。"

"明德新民，止于至善"，这是有民族气派的大学校训，也是融进河南大学精神底色的不懈追求。"至善"岂有终极日，征途正未有穷时。河南大学，唯有不止。

海纳百川　取则行远

——中国海洋大学校训的文脉延承与大海气魄

刘艳杰　　冯文波[1]

山东省青岛市鱼山路5号，依山望海，宁静幽雅，90年前，中国海洋大学就诞生在这里。

一进大门，首先映入眼帘的是由当代著名作家王蒙先生题写的校训："海纳百川，取则行远"，字体苍劲，内涵深远。穿行其中，一座座德式建筑，一棵棵参天梧桐，一尊尊人文雕像，在海风吹拂和时光雕刻中愈发厚重。

中国海洋大学的前身是私立青岛大学，始建于1924年，这是齐鲁大地上第一所本科起点的具有现代意义的高等学府。后经国立青岛大学、国立山东大学、山东大学、山东海洋学院、青岛海洋大学等几个时期的变迁，于2002年10月经国家教育部批准更名为中国海洋大学。90年风雨沧桑，海大校训也在时光的变迁中积淀蕴成。

1924年，学校建立之初，以"教授高深学术，养成硕学宏材，应国家需要"为宗旨，引领着莘莘学子的求学热忱，并吸引了彭明晶、罗荣桓等革命志士在此就读。

20世纪30年代，这里群贤毕至、大师云集。杨振声、闻一多、梁

1　刘艳杰为光明日报记者，冯文波为光明日报通讯员。

校训的故事

王蒙题写的中国海洋大学校训。刘邦华/摄

实秋、赵太侔、老舍、洪深、沈从文等一批蜚声学界的文艺泰斗在此讲学论道，不仅留下了传诵后世的文坛佳话，也奠定了这所大学的文化底蕴。及至50年代，在马克思主义理论家、历史学家华岗校长的感召下，陆侃如、王统照、高亨、冯沅君、赵俪生等哲学社会科学的大家与童第周、王淦昌、曾呈奎、赫崇本等自然科学的名师一起造就了海大的科学人文辉煌。

历史上的两度人文辉煌，承载了海大人的美好记忆，每每想起，令人难以释怀。重振海大人文辉煌，是几代海大人的梦想。

2002年4月，当代著名作家王蒙从时任校长管华诗手中接过聘书，正式加盟海大。他说："我要为海洋大学人文科学的振兴尽微薄之力。"校训乃一校之魂。契合中国海洋大学的文化传统和办学特色，王蒙建议把海大的校训确立为"海纳百川，取则行远。"海纳百川，语出《庄子·秋水篇》，意指海大人应虚怀若谷，海大校园应百花齐放，能容纳各种学术思想、各路群英。"取则"典出晋陆机《文赋·序》，"行远"典出《中庸》，取则行远，意指海大人既能够遵循科学规律，又能够眼界高远且脚踏实地地朝着既定的目标奋进。

中国海洋大学的老院长、我国海浪学科的开拓者文圣常院士曾经对海大校训进行了一番富有哲理的拆分解读："海大有容、纳贤礼士、百舸扬帆、川流不息；取经求法、则明理析、行云流水、远无不及。"现任校长吴德星则用"法自然，海纳百川；做智者，取则行远"的励志名言寄语一届届海大毕业生。

在王蒙的引领下，海大先后创设了"名家课程体系""驻校作家制度"，铁凝、张炜、毕淑敏、迟子建、莫言、贾平凹、余华、王海……一批当代名人作家先后来到海大园，海大人渴盼的第三次人文辉煌开始闪现星火燎原之光。

2011年，在作家毕淑敏的倡导下，中国海洋大学的7名师生搭乘"和平之船"环绕地球一周，历时106天，行程5万多公里，穿越亚、非、欧、美四大洲……这在中国高校尚属首次。在环游世界的旅程中，海大师生践行了"海纳百川，取则行远"的校训精神，把海大的教育理念和海大人特有的精神一路传播。

在贵州茫茫大山深处，当地人说有一个名字他们永远不会忘记：中国海洋大学研究生支教团。13年来，这个支教团在此济困助学、教书育人，支教的学生们换了一届又一届，但海的气息一直环绕着大山，海的精神在大山深处生根发芽，"海大路""海大桥"和一所所以海命名的小学（望海小学、百川小学、行远小学、山海小学、海情小学）……无一不诠释着"海纳百川，取则行远"的校训精神。

多年来，作为国家"985工程"和"211工程"重点建设的中国海洋大学，其海洋和水产学科一直处于国内领先水平，目前该校已在8

个学科（领域）进入美国基本科学指标（ESI）数据库全球科研机构前1%行列。海洋人才的培养离不开船，中国海洋大学拥有一支装备精良的科考船队，下辖"东方红2""海大号""天使1"，再加上正在建造中的5000吨级的"东方红3"船，形成了中国高校界独一无二的海上综合流动实验室。

一流的办学水平培养出了一流的海洋人才，截至目前，学校毕业生中已有12位成为院士，中国第一次南极考察的75位科学家中一半以上是海大毕业生，中国第一个登上南极的科学家是校友董兆乾，中国第一个徒步考察南极的科学家是校友蒋家伦，中国第一个南北两极都登上的科学家是校友赵进平……

纵观中国历史，我们从来没有像今天这样重视海洋；海洋强国之梦，也从来没有像今天这么真切。吴德星校长说，作为一所战略性大学，中国海洋大学将以造就海洋事业的领军人才和骨干力量为自己的特殊使命，助力中国早日实现海洋强国梦。

明义 锐思 弘毅 致远

——临沂大学的"五圣"校训

周华　王焕全[1]

　　坐落于山东沂蒙革命老区的临沂大学，70多年来一直根植于红色沃土，沐巍巍蒙山之壮美，浴滔滔沂河之灵秀，与沂蒙老区共生共荣。取自临沂籍圣贤颜真卿、刘洪、曾子、诸葛亮之语，并集临沂籍"书圣"王羲之字体而成的"五圣校训"，汲取了沂蒙2500年人文历史精粹，让一所大学的精神品质与沂蒙老区的人文素养水乳交融在一起。

　　"明义"语出书法"亚圣"颜真卿的《庙享议》："此有以彰国家重本尚顺之明义，足为万代不易之令典也。""明义"本为圣明的道义，后引申为深明大义。深明大义是红色沂蒙精神的深刻内涵之一。"明义"劝勉全体师生要从国家利益和民族精神出发，具备"大义""大爱"的优良品行和"大节"的崇高操守。抗日战争时期发生的"大青山突围战"，可以说是临沂大学师生"明义"精神的集中体现。1941年11月，侵华日军对我沂蒙抗日根据地发动了"铁壁合围"式的"大扫荡"，临沂大学学员与党政军民在大青山英勇抗击，合力突围，遭受了重大损失，110多名学员在此次战斗中壮烈牺牲。

1　周华为光明日报记者，王焕全为光明日报通讯员。

"锐思"语出《后汉书·律历志》刘昭注引《博物记》："洪笃信好学，观乎六艺幽书意，以为天文数术，探赜索隐，钩深致远，遂专心锐思。""洪"即刘洪，被誉为"算圣"。"锐思"意为用心专一，具有敏锐的思想。"锐思"劝勉全体师生刻苦学习，努力探索自然和社会科学的精微深奥之理。2013年，临沂大学的科研人员在《自然》《科学》上发表3项研究成果，学术研究迈上新台阶。

"弘毅"语出《论语·泰伯》："曾子曰：士不可以不弘毅，任重而道远。"曾子被誉为"宗圣"。"弘毅"，意为气象恢宏，意志坚强。"弘毅"劝勉全体师生要加强意志磨炼，努力做到宽宏坚毅，锲而不舍。为此，临沂大学实施了"红色育人工程"，在传承和创新优秀文化的同时，将学生实训、文化研究、社会服务有机融合，并打造了学校的文化品牌"沂蒙红色乐舞剧三部曲"，获得了山东省政府"文化创新奖"和"泰山文艺奖"。"红色育人工程"不仅提升了学生的专业素养，而且还磨炼了学生的意志，强化了学生的责任担当意识。

"致远"，语出诸葛亮《诫子书》："非淡泊无以明志，非宁静无以致远。"诸葛亮被誉为"智圣"。"致远"意为实现远大的抱负，是目标，更是一种追求。"致远"劝勉全体师生要有远大的理想和抱负，以矢志不渝的奋斗精神，锐意进取，不断开拓创新。在"致远"精神的激励下，临沂大学近年来不断探索现代大学制度的创新之路，其"打破官本位，回归学本位"的做法产生了巨大的人才效应，"处长辞职当教授"的事情不断发生，彰显了大学的本质所在。

"明义、锐思、弘毅、致远"，临沂大学的校训深刻融入了临沂历史文化名人的重要理念，既富含传统文化积淀，又具有鲜明地域和时代特征，四个理念涵盖了德育修养、学业追求、意志品质、人生理

想等不同方面，它们既彼此独立，

又浑然一体，把历史的厚重化作今天的铿锵。校训的激励犹如暮鼓晨钟，时刻警醒着临沂大学的数万名师生：抓住时光，及早作为，与时代并进，与世界比肩。

求真至善　登崇俊良

——山西大学校训的渊源与坚守

邢兆远　李建斌　高耀斌[1]

　　徜徉在山西大学历经风雨沧桑的老校园里，依稀可辨的百年西式建筑，历史岁月侵蚀的斑驳老墙，还有在图片中才能看到的厚重牌坊式校门上镌刻的校训"登崇俊良"，仿佛都在诉说着这所百年学府起伏跌宕的悠悠往事。

　　一百一十多年的跋涉和探索，"中西会通，自强报国"造就了山西大学特有的风骨与精神，而校训则是山大精神最凝练的概括与最生动的写照。从学堂初创时的"尊广道艺，登崇俊良"，到如今的"求真至善，登崇俊良"，校训的变更闪耀着时代的光芒，也体现着这所学府独有的坚守与担当。

　　1902年创办的山西大学堂是中西合作办学的典范。初创之际，"尊广道艺，登崇俊良"就成为学校的校训。"尊广道艺"出自《后汉书》，讲的是东汉统治者"扶进微学""褒显儒术"，使诸儒共正经义的文化政策。"登崇俊良"出自韩愈的《进学解》，其文曰："方今圣贤相逢，治具毕张，拔去凶邪，登崇俊良"，登崇俊良指的就是举荐尊重有才识的人。

1　邢兆远、李建斌为光明日报记者，高耀斌为中国教育报记者。

由于坚守着高远的精神追求，山西大学为中国近代大学教育发展作出了巨大贡献。民国时期的山西大学，以其卓越的办学成就蜚声中外，其人才培养的数量和质量都堪为国内高校翘楚，被称为"国立第三大学"。彼时的山西大学，"学生与教授辩论问题，在教室不得下台。鼓荡相习，蔚成校风。其培植之学子，绝无一个思想模式脱出者"。

　　正是这种精神，使这所以锻造人才为己任的学府浴火重生、文脉绵延，焕发出新的生机和热情。2002年，山西大学迎来了百年华诞。沧桑百年，风雨兼程，百年学府拥有了新的校训，即是现在广大师生和海内外校友都耳熟能详的"中西会通，求真至善，登崇俊良，自强报国"。这一校训，是对不同时期山大校训核心思想的继承、萃取和升华，是对山大百年文化传统与人文精神的提炼与总结，坚守的则是自学堂初创以来就形成的"求真至善，登崇俊良"的追求和情怀。

　　在新形成的校训中，"登崇俊良"仍然处在校训的显要位置。"中西会通""求真至善"是"登崇俊良"的方法和要求，体现的是本土文化与外来文化的高度结合、科学精神与人文精神的高度结合，渗透的是"大学之道，在明明德，在新民，在止于至善"的传统价值追求和广纳中西的恢宏视野，承继的仍然是"尊广道艺"的担当、"精益求精"的自觉。"自强报国"是"登崇俊良"的目的和旨归，大学的职责和使命就是通过培育高素质杰出人才，通过他们自强不息的砥砺奋斗，达到报效国家的目的。

　　百年沧桑，追溯山西大学校训的渊源轨迹，校训成为一段历史的见证、一种文化的凝结，一种精神的追求。学校一直坚守着"求真至善，登崇俊良"的理想，构成了山西大学的内在底蕴和核心精神，也养成了学校特有的风骨和气质，锻造出了大批为民族独立、国家富强、文化振兴作出杰出贡献的优秀人才。

规格严格 功夫到家

——哈尔滨工业大学的校训故事

孙明泉　朱伟华　张士英[1]

在熙熙攘攘的哈尔滨市中心区，哈尔滨工业大学的建筑群静静地矗立着。与南方的大学相比，哈工大少了几分灵动与秀气，多了几分朴实和厚重。在外校人眼中，哈工大是内敛的，那些已走出哈工大的学子们，亦如母校的建筑群和执教者一样，默默坚守着自己的岗位，却散发着一种令人热血沸腾的执着。

"规格严格，功夫到家"，入校可见的校训石上，简单朴实的几个大字，承载着学校近百年的历史，哺育了一代又一代哈工大人。

与校训相关联的，是"铁将军"和"四大名捕"的故事，至今仍在校园流传着。

20世纪50年代，俞大光教授因严格要求而闻名全校。学生们偷偷地叫这位后来成为中国工程院院士的老师为"铁将军"。他任教的"电工基础"课被学生称为"老虎课"，有时全班竟没有一个人得"优秀"，因为他要求学生不仅会做题，而且还要能讲出道理来。"哈工大要求严格，淘汰率高。我入学时考进了200多人，毕业时只剩下40多人，不及格的自动退学或降级。这种严格要求，增强了我的适应能力和独

1　孙明泉、朱伟华、张士英为光明日报记者。

立工作的能力。"1954届毕业生、中国工程院院士徐滨士教授回忆。

而作为"四大名捕"的"首捕"，王勇教授第一节课便给学生们立下军令状："你们不许迟到，我也不许迟到。如果我迟到一秒钟，你们就可以把我赶出去！"律己方能律人，这样的高标准严要求，使得学生怕之、服之、敬之。1965届毕业生、探月工程总指挥栾恩杰说："最感谢母校给我们打下了牢固基础，让我们能扎扎实实搞学问，认认真真搞研究。母校的教育就是那句实实在在的话：'规格严格，功夫到家'。"

那时的哈工大，有一支最为人赞颂的队伍——"八百壮士"，是他们奠定了哈工大"规格严格，功夫到家"的优良传统。20世纪50年代，800多名青年教师从祖国各地齐聚到哈工大，他们铭记国家重托，肩负艰巨使命，扎根东北，拼搏奉献。涌现出了诸如中国工程院院士王光远、黄文虎、王仲奇等一大批专家，他们被老校长李昌称为"八百壮士"。

如今，"八百壮士"们已渐近耄耋之年，但是他们的精神、信念和传统，正由一代代哈工大弟子传承着。

在祖国建设最困难的时候，第一代"八百壮士"挺起了精神的脊梁，在民族复兴的伟大进程中，第二代、第三代"八百壮士"扛起了科教兴国的重任。而伴随着几代"八百壮士"一起诞生的是中国第一台结构式模拟计算机、中国第一台会说话会下棋的计算机、中国第一部具有世界先进水平的新体制雷达、中国第一块具有自主版权的IC卡芯片、中国第一个巨型计算机实时三维图像生成系统、第一台华宇弧焊机器人和点焊机器人、中国第一个会踢足球的双足机器人、世界首创城市原生污水热能采集技术、第一颗由高校自主研制的试验卫星……

2014年6月履新的校长周玉深情地说：“国家和哈工大把我从一名农村民办教师培养成专家、教授、院士、副校长，今天走上校长岗位，这一切都是哈工大的教师辛苦培育和汗水浇灌的结晶。今后，我将继续发扬哈工大规格严格、功夫到家的优良传统，一心一意、全心全意为国家、为哈工大作贡献，别无他求。”

　　哈工大校园里，古树不多，但都苍劲向上。哈工大人身上的精气神不仅镌刻在校训石上，而且也深深地印刻在每一堂激扬澎湃的课堂上，印刻在每一个夜色斑驳的背影中，印刻在每一次实验的失败与尝试中，印刻在每一份辛勤工作之后成功的喜悦中……

求实创新 励志图强

——吉林大学校训背后的故事

曾毅　任爽　于珊珊[1]

又是一年毕业季。用照片记录下青涩而火热的青春吧，那将是无法割舍的回忆。除了那一张张含着泪水的笑脸，那一个个熟悉的学习、锻炼、休闲的场景，还有哪里能证明学子们的青春呢？

从吉林大学中心校区北门进入学校，一眼就能望见花团锦簇着的校训石，上面镌刻着笔力遒劲的八个大字——求实创新 励志图强。

这块不规则的石碑是毕业生们合影留念的必选，因为它不仅能见证学子们在这里成长，还将见证他们从这里出发。

在吉大人心中，"求实创新，励志图强"这八个字，看似朴实无华，读来简约明了，却以奇妙的光辉照拂着吉大的青年学子、教职员工和历届校友。

1946年，为迎接东北解放，东北行政学院在哈尔滨成立，吉林大学的前身由此诞生。1948年，东北行政学院与公立哈尔滨大学合并为东北科学院，后迁址沈阳，复名为东北行政学院。两年后，学院更名为东北人民大学，在朝鲜战争的枪炮声中迁至长春。

1952年，在全国院系调整的浪潮中，东北人民大学被确立为东北

1　曾毅、任爽为光明日报记者，于珊珊为光明日报通讯员。

求實創新 勵志圖強

地区第一所综合性大学。中央高教部将北京大学、清华大学、燕京大学等院校的部分教师以及大连工学院、东北工学院的数理两系部分学生调整到此。1958年，东北人民大学已逐渐成为文理兼备的综合性大学，正式更名为吉林大学，郭沫若题写了校名。

1978年，吉林大学被重新确定为教育部直属国家重点综合性大学，唐敖庆被任命为校长。这位被誉为"中国量子化学之父"的中国科学院院士，为吉林大学的改革发展、化学学科的建设和课堂教学作出了杰出贡献。

"吉林大学是有自己独特品格的，'求实'是吉大师生最重要、最鲜明的特点——基础扎实、工作务实、为人朴实、作风踏实；'创新'对于发展和壮大中的吉林大学来说弥足珍贵，不可或缺；'励志'，是代代吉大人艰苦创业、奋发图强的根本动力；'图强'，就是要自信、自强、自立，为实现吉林大学奋斗目标而不断奋进、攀登，甚至腾飞！"在学校50周年校庆典礼上，时任吉林大学校长刘中树与吉大人一同见证了"求实创新，励志图强"这一校训的诞生。

回顾那段时光，许多共同奋斗过的吉大人，还能记得刘中树的眼神中闪烁着的光芒，他口中的这八个字，沉淀着吉大点滴成长的岁月痕迹。"如果说，北京大学等百余年名校博深若贤者，那么吉林大学则激越如侠士，独立塞北，俨然一位孤傲的学术剑客。""求实创新，励志图强"正是这位侠士不畏艰险，仗剑而行，勇攀高峰的精神。

　　如今，校训，作为一种精神、一种品格、一种气节，已在一代代吉大人的骨骼中铭刻了深深的烙印，在学校一次次的改革发展中弥散出沁人的芬芳。听，吉林大学的校歌唱起，"求实创新，励志图强"，分外振奋人心，悠远铿锵……

自强不息 知行合一

——在"救国""强国"中一路走来的东北大学

毕玉才 杨明[1]

　　我国是世界第一产钢大国，但第一产钢大国在世界钢铁行业腰杆一直不硬，原因就是"三高两低"：耗能高、污染高、对外依存度高，集中度低、附加值低。东北大学轧制技术及连轧自动化国家重点实验室立足中国面向世界，不断冲击世界轧制技术高峰，用一项项自主创新成果，让"钢铁大国"一步步地向"钢铁强国"逼近。2013年，由王国栋教授领衔的"现代轧制技术、装备和产品研发创新平台"项目，荣获国家科技进步奖二等奖。王国栋及其带领的团队向"钢铁强国"冲击的历程，正是东北大学多年来秉承的"自强不息，知行合一"精神的缩影。

　　百年前的白山黑水，山河破碎，民不聊生。时任东三省巡阅使、奉天督军兼省长的张作霖，采纳了奉天省代省长王永江和教育厅厅长谢荫昌"欲使东北富强，不受外人侵略，必须兴办教育，培养各方面人才"的意见，于1923年组建了以御侮兴邦为办学初衷的东北大学，在白山黑水之间撑起一面兴学育人、文化救国的大旗。

　　第一任校长王永江在首届学生开学典礼时，题写了"知行合一"

1　毕玉才为光明日报记者，杨明为光明日报通讯员。

四字校训。"知行合一"语出心学集大成者王守仁。所谓"知行合一"，不只是讲一般的认识和实践的关系，更重要的是指人的道德意识和思想意念与人的道德践履和实际行动之间的关系。本着这种实践的、辩证的"知""行"统一的办学思想，东北大学在建校初期就力戒纸上谈兵，开始创办东北大学工厂，使学生能够在实践中求得真知、巩固所学。从现在的视角看，东北大学特色鲜明的产学研结合的办学传统可谓源远流长。

"自强不息"，出自《易经》中乾卦的象传，其词云："天行健，君子以自强不息。"1928年，身负国仇家恨的张学良成为东北大学第三任校长，他在对学生讲话时说："我很希望诸君，要坚定了志向，各用自己之所学，全国学者都能如此，则中国自强矣。"对于东北大学这个东北地区的文化旗帜和精神堡垒来说，用自强不息的精神来训导学生，不仅能够激励学生勤奋读书，力求上进，更能激发学生的民族责任感和使命感。自此，"自强不息，知行合一"便成为东大师生薪尽火传的信念与理想。

九一八事变之后，东北大学被迫踏上了长达18年的流亡之路。老东大人形容东北大学是"一列永不停息的文化列车"，它载着东大师生一路且行且停，北平、开封、西安、三台，均留下了东大师生一路抗争、求学的身影。1935年，东大学子手挽手、肩并肩，走在了"一二·九"运动游行队伍的最前列。亲历此次运动的东大教师阎述诗被学生们视死如归的凛然气概所感染，他将著名诗人光未然的《五月的鲜花》谱上激昂悠远的旋律。这首最早在东北大学师生中唱响的歌，很快流传到全国，成为家喻户晓的抗日救亡歌曲。

1950年，几经更名和调整的东北大学（时名东北工学院，1993年复名为东北大学）在沈阳南湖艰难起步。东大师生在这片"风自吹襟，人争掩鼻，汩汩沟流半粪污"的荒野上，建楼开路，植树辟荒，白手起家，重建校园。伴随着冶金学馆、建筑学馆、机电学馆、采矿学馆以及信息学馆等一批标志性建筑的相继落成并投入使用，获得新生的东北大学也将办学思想从办学救国转化为办学强国。

东北大学"自强不息，知行合一"的校训精神不断汲取时代进步的养料，并被赋予更加深刻的内涵。现在看来，"自强不息"，就是要继承并发扬东北大学的爱国主义传统，在中国新型工业化进程中，努力走在高等教育改革的前列，与时俱进，不断创新，成为一流高等学府；"知行合一"，则是要坚持理论联系实际、知与行统一的实事求是的思想路线和学风、文风，接受、传播科技与人文社科的新知识，既用高科技武装头脑与技能，又以新的人文文化涵化精神与心性，做到既能言又能行，言行一致。"自强不息，知行合一"不仅仅是一句简单的口号，而是东大人内化于心、外化于行的永恒精神信仰！

学汇百川　德济四海

——大连海事大学校训所蕴含的气质精神

吴琳　杨莉[1]

清晨，当第一缕阳光照进大连海事大学东、西山校区间的林荫大道时，静立在这条路旁的心海湖畔，镌刻着"学汇百川，德济四海"的校训卧石，在阳光下熠熠生辉。

2009年6月，在大连海事大学建校百年之际，学校重新凝练校训。"学汇百川"出自东汉王充《论衡·别通篇》，意为海大人具有大海般的胸襟，虚怀若谷，汲取人类文化的一切优秀成果；"德济四海"系化用《周易·系辞上》，意指海大人以德为本，德才兼备，具有服务社会、经邦济世、造福人类的志向、责任和能力。

在大连海事大学党委书记郑少南看来，"学汇百川，德济四海"，既是对如何做学问的要求，更是对如何做人的训诫。经过岁月的浸润与磨砺，八字校训已成为海大人的价值取向和精神品质。

1804年，美国人富尔顿建成"克勒蒙"号轮船，并于1807年8月在哈德逊河试航成功，于是，以蒸汽为动力的新式航运工具——轮船，开始登上航运舞台。1873年，中国创办轮船招商局，但是，遍览茫茫神州，竟无本国培养之航海人才。无奈之下只得"借才异域"，雇佣

1　吴琳为光明日报记者，杨莉为光明日报通讯员。

大批外人操驾船舶。

1903年，张謇参加日本国际博览会期间，详细考察了日本的航海及渔业情况后认为："一国的渔业和航政范围到哪里，就是国家的航海主权在哪里，"而"维护领海主权，要先造就航政人才，大则可以建设海军，小则可以驾驶商船"。基于这一思想，1905年，张謇筹集部分经费，并在上海吴淞炮台湾购置地皮，着手筹建商船学校。1909年，晚清邮传部上海高等实业学堂（南洋公学）船政科设立，学堂监督由唐文治兼任，同年夏，学校首次招生。

至此，中国近代史上第一所高等航海学府正式诞生！

百年弦歌，学脉绵延。目前，大连海事大学作为交通运输部所属的全国重点院校，其交通和航运学科始终保持国内领先水平，在51个专业中有36个专业与交通运输相关，其中16个专业为航运相关专业，学校服务交通的科研项目比例始终保持在70%以上，取得的重要科研成果均集中在交通主干学科领域。船舶导航系统国家工程研究中心被授予"国家工程研究中心"；海湾生态国际科技合作基地被认定为国家级科技合作基地。2012年，学校汇聚行业内外优势资源，组建了"海洋运输绿色与安全技术协同创新中心"。学校还积极配合交通运输部开展国际公约研究，五年来，承担国际公约研究项目21项。

"大连海事大学作为航运及相关领域高层次人才培养主要基地、交通科技创新与科技服务重要基地、国际海事法律法规与政策工作基地，有责任担负起维护祖国海洋权益、建设海洋强国的历史使命和责任，为建设海洋强国，实现中华民族伟大复兴的中国梦而努力奋斗，真正'学汇百川，德济四海'！"校长孙玉清如是说。

崇尚真知 追求卓越

——内蒙古大学"求真务实"的精神凝结

高平 肖平[1]

内蒙古大学校训"求真务实"是新中国培养的第一个蒙古族院士、现任中国工程院副院长旭日干提出并坚持的。他说，每一所大学的诞生都有其特定的历史背景和精神寄托，是教风、学风、校风的集中体现，更是一所大学成长经历的精神凝结。

"求真务实"是知与行哲学理念的通俗表达，是解放思想、实事求是、与时俱进、追求真理、贵在实践的高度概括。内蒙古大学"求真务实"校训的明确提出，最初是在1993年。时任校长旭日干将"求真务实，真抓实干"作为行事准则，并经常以此激励广大师生。内蒙古大学于2001年底在全校广泛开展征集校训、校歌的文化建设活动。在征集到的意见中，"真"与"实"两个字出现的频率最高，文化建设工作组的专家学者建议按照收集到的意见将"求真务实"凝练为校训，在党政联席会议上讨论通过，内蒙古大学校训正式以文字形式明确确定。

内蒙古大学创建于1957年，是新中国成立后党和国家在少数民族地区创办的第一所综合大学，在国家高等教育布局中具有特殊作用和重要的区域定位。时任国务院副总理、内蒙古自治区主席乌兰夫亲任

---

1 高平为光明日报记者，肖平为光明日报通讯员。

首任校长。中科院学部委员、北京大学一级教授生物系主任、耶鲁大学生态学博士李继侗来校执教并任学术副校长。以北京大学为主，一批批高水平师资从全国各地支援内蒙古大学，保证了学校办学的高水准和大学精神的无变异基因植入。

李博，用双脚丈量内蒙古土地的中科院院士。1956年，内蒙古筹建第一批国营牧场，李博随李继侗第一次来到内蒙古大草原。李博感叹道："这是一片处女地，一片天然杰作！"1959年，李博怀着对草原的热爱，放弃了北京大学优越的工作和生活条件，同妻子蒋佩华一同支边，来到内蒙古大学生物系任教。为此内蒙古大学的生态学研究成为我国干旱和荒漠地区生态环境保护与治理的学科引擎。

2013年12月27日，内蒙古大学送走了90岁高龄的世界蒙古语言学一代宗师清格尔泰。清格尔泰教授是著名的教育家，是我国民族高等教育的先驱者。他把大量的精力和热情投入到教书育人、培养人才的工作之中。在清格尔泰之前，中国蒙古语言研究处在语文学阶段，通过清格尔泰教授的研究，中国蒙古语言文字研究进入了真正意义上的现代语言学阶段。

内蒙古大学虽然建校时间不长，但建校伊始，就注重良好学风的建设与培养。首任校长乌兰夫在建校典礼上曾强调：讲课应"讲深、讲透、讲足分量，不能偷工减料"。1959年4月29日，时任校党委书记郭以青以"诤言"的笔名在校刊上发表文章《教不严，师之惰》，告诫广大教师热情教学，严格要求，勉励学生要追求真理。

50年积淀，内大逐步形成"立足边疆、面向全国、育人为本、特色强校"的办学理念，在包容、开放的文化背景下，形成了特有的"崇尚真知、追求卓越"的内大精神。从校园走出的9万余名学子遍布自治区和祖国大江南北乃至世界各地，彰显着内大的贡献力和影响力。

自强不息 独树一帜

——兰州大学百年的文化传承

宋喜群　杨甜[1]

2009年8月，兰州大学百年校庆前夕，一块刻有"自强不息、独树一帜"的黄河巨石被安放在校门一侧，安静地讲述着一个个关于坚守、关于坚韧的故事。

1909年成立的甘肃法政学堂，作为兰州大学的前身，只是为了适应清末逐渐开始的法制改革而设立的专门培养法律人才的地方。直到1946年国立甘肃学院、西北医学院兰州分院等院校合并成立国立兰州大学，才形成一所文理、法学、医学、兽医四大学院并存的全国性综合大学。

主持筹办国立兰州大学的辛树帜校长在1957年出席全国政治协商会议期间，应邀参加了毛泽东主持的最高国务会议。在听了他对发展全国农业生产和开展古农学研究的汇报后，毛泽东称赞不已，并说他的名字取得好，"辛辛苦苦，独树一帜"。兰大校训中的"独树一帜"即出自于此。

半个世纪前，时任北大党委书记兼副校长的江隆基被调到兰州大学任校长，自然环境之恶劣、教师资源之匮乏、教学设备之简陋让他

1　宋喜群为光明日报记者，杨甜为光明日报通讯员。

意识到，兰大人面临的不光是治学难题，还有生存危机。当时的兰大有很多支援边疆建设的高级知识分子，现代物理系的邱峻教授就是其中之一。物资短缺的年代，邱峻连做饭的工具都备不齐全，江隆基知道后，特意送了他一张松木做的擀面板。这至今仍被传为美谈。

类似"擀面板"的故事在当时不胜枚举，也正是在这样融洽互助的氛围里，兰州大学在20世纪60年代进入了一个前所未有的"黄金时期"，学术氛围十分活跃，科研蔚然成风。江隆基确立并重点支持的17个重点学科绝大部分发展为兰大的特色学科，许多教师成为全国知名学科带头人，其中4人被评为院士，迅速提升了这所综合性大学在全国的影响力。

兰州大学承受着边疆贫瘠带来的孤寂，也享受着这份得天独厚的给养。依托西部特有的自然条件开展的草地农业科学、资源环境和大气科学等研究声名远扬；利用地域优势而勃兴的民族学、敦煌学研究成果丰硕。美国《科学》周刊评出的中国13所最杰出的大学中兰州大学位列第六。

获"作出突出贡献的中国博士学位获得者"等荣誉称号的黄建平，曾以访问学者的身份在美国和加拿大工作多年，优厚的薪酬使黄建平一家三口过着恬淡、无忧的生活。一天，黄建平正在割草，他的导师丑纪范院士打来电话："一个挺优秀的人，老在割草，岂不是荒废生命？不如回来干些事吧！"2003年，黄建平作为校内特聘教授回到了兰大，于2005年组织建立了全国高校第一个国际气候观测站——国际标准现代化半干旱气候与环境观测站，现已被批准加入国际二期CEOP项目，并作为参加此项计划的全球协同加强观测站之一。

近年来，像黄建平这样重回西北的人才越来越多，作为甘肃近代教育和工业发源地的萃英门如今又人文汇集。时光荏苒，先贤们栉风沐雨，筚路蓝缕，让昔日萃英路上不足百人的旧式学堂成了后人瞻仰的园地，但"勤奋、求实、进取"的学风却成了兰大得以前进的宝藏。如今的兰州大学已四面繁华，但一墙之隔的校园之内却是另一番洞天，积石堂内、杏林楼前、毓秀湖畔……处处都是学子刻苦温书的身影。

朔漠北望，大河东流，走过跌宕起伏的百年历程，自强不息依旧是学子薪火相传的兰大精神，独树一帜则在百年沧桑的黄河奇石上镌刻进了新的内容。

公诚勤朴

——西北大学百年文化传承探源

杨永林　张哲浩[1]

　　步入西北大学太白校区，一块巨大的秦岭石上赫然镌刻着"公诚勤朴"四个古朴遒劲的大字。这就是这所具有光荣办学历史的百年高等学府的灵魂——校训。

　　西北大学创建于1902年，1912年称西北大学，后经历了国立西安临时大学、国立西北联合大学、国立西北大学等时期。新中国成立初期，学校为教育部直属的全国14所综合大学之一。1958年归属陕西省政府主管。1978年被确定为全国重点大学。现为国家"211工程"重点建设院校、国家"一省一校"计划重点支持建设院校、教育部和陕西省共建高校。

　　对于民族文化，西北大学一以贯之地钟爱和传承。早在20世纪40年代，西北大学就明确提出"发扬民族精神，融合世界思想，肩负建设西北重任"的办学宗旨，致力于传承中华五千年灿烂文明、融汇世界优秀文化成果、建设祖国辽阔的西部。

　　2002年1月25日，西北大学百年校庆筹备委员会全体会议研究确定，继续沿用1938年10月国立西北联合大学第45次会议提出的"公诚

1　杨永林、张哲浩为光明日报记者。

勤朴"校训为西北大学校训。

公，即公正，公平。《新书·道术》有"兼履无私谓之公，反公为私"，《礼记·礼运》也有"大道之行也，天下为公"，后者被孙中山先生赋予革命的新意。公正或公平，是人们从既定概念出发对某种社会现象的评价，亦指一种被认为是应有的和理想的社会状况。

诚，即真心实意。孟子在《孟子·离娄上》中将"诚"定义为自然界和人事社会的最高道德范畴，提出："诚者，天之道也；思诚者，人之道也。"《中庸》认为，"诚"这一精神实体起着化生万物的作用。

勤，即劳，出力。《论语·微子》有"四体不勤，五谷不分"。汉代孔臧《与子琳书》有"取必以渐，勤则得多"，就是说获取一定来自逐步的积累，勤奋才能收获得多。要有满腹经纶，要成就一番事业，就必须勤奋。

朴，本指树皮，亦指未经加工的木材，《论衡·量知》即有"无刀斧之断者，谓之朴"。朴，又有敦厚、质朴之意，陆机《羽扇赋》即有"创始者恒朴，而饰终者必妍"。

著名语言文字学家、词典编纂家、文字改革家、教育家黎锦熙教授曾撰文对"公诚勤朴"的含义进行了阐述。他说

"公诚勤朴"校风养成，盖与西北固有优良之民性风习相应："公"以去私，用绝党争；"诚"者天地之道也，天行健，君子当自强不息，此足以去弱，弱源于虚，诚则实矣；夫民生在勤，勤则不匮，此足以去贫，非仅治学修业宜尔也；勤以开源，朴以节流，然朴之意又不止此，乃巧诈之反也。

西北大学校长方光华对"公诚勤朴"校训作了进一步诠释。他说，"公"即天下为公，这是辛亥革命以来仁人志士的奋斗目标，说明西北大学追求国家和人民的根本利益；"诚者，天之道"，"不诚无物"，

如果不是全身心投入，不可能有所成就；"勤"即勤奋坚毅，既要勤劳又要坚韧；"朴"来自《道德经》，即抱朴守真，就是永远保持一种朴素的本真状态。它表达了西北大学为国家富强和民族复兴不懈奋斗的赤子情怀。

公诚勇毅

——西北工业大学校训精神管窥

张哲浩　华挺[1]

公字楼、诚字楼、勇字楼、毅字楼——古城西安，西北工业大学校园内，四座颇具特色的标志性建筑端庄典雅，时刻提醒着师生铭记"公诚勇毅"校训。"公"，即公为天下、报效祖国；"诚"，即诚实守信、襟怀坦荡；"勇"，即勇猛精进、敢为人先；"毅"，即毅然果决、坚韧不拔。"公诚"定为人处世准则，"勇毅"明探求真理精神。

1957年，成立于1938年的国立西北工学院和成立于1952年的华东航空学院在西安合并成立西北工业大学，1970年军事名校"哈军工"的空军工程系迁并入校，西工大成为我国发展航空、航天、航海科技与教育的国防特色高等学府。

作为国立西北工学院的院训，"公诚勇毅"确立于1939年，成为师生在抗日烽火中严谨求知、教育报国的精神支柱。原华东航空学院师生，放弃了南京相对优越的生活环境，整体内迁西安，"热爱祖国、顾全大局、艰苦创业、献身航空"的西迁精神为"公诚勇毅"校训增加了时代内涵。"哈军工"空军工程系，则将"一中二主三严"（"以教学为中心""以学员为主、以教师为主""严谨严密严格"）的办学

1　张哲浩、华挺为光明日报记者。

理念带到这里。由此，三所院校的优良传统碰撞交融，共同孕育的新时期西工大"公诚勇毅"校训和"三实一新"（基础扎实、工作踏实、作风朴实、开拓创新）校风，成为西工大人共同的价值理念。

西工大是"为中国首次载人航天飞行作出贡献单位"的两所高校之一，拥有我国最大的中小型无人机科研生产基地，国庆60周年阅兵无人机方队所展示的全部三个型号无人机均由西工大研制。我国第一架小型无人机、我国第一台机载计算机、我国第一型智能水下航行器、我国第一块航空专用大规模集成电路芯片……校史馆里的众多"第一"，成为一代代西工大人实践"公诚勇毅"、科技报国的真实写照。

"用自己的赤子之心回报社会，报效祖国。"在今年的毕业典礼上，西工大校长汪劲松深情寄语学生。秉承"公诚勇毅"校训，一代代西工大人为国防科技发展作出突出贡献。建校76年，西工大为国家输送了16万名科技人才，培养了我国6个学科的第一位（批）博士，产生了30多位两院院士、30多位将军和一大批国防科技领域的领军人才。在中国航天领域，从早年的"航天三少帅"中的张庆伟和雷凡培，到"中国航天液体动力掌门人"谭永华、"中国航天固体动力掌门人"田维平，都来自西工大。

近些年，西工大毕业生到国防科技工业等重点领域就业的比例超过60%。2011年的统计数据显示，在中航工业集团下属三大主机所（中

公诚勇毅

涛承孝题

曾任国立西北工学院院长的潘承孝题写的西北工业大学校训。

航第一飞机设计研究院、成都飞机设计研究所、沈阳飞机设计研究所）和三大主机厂（西飞、成飞、沈飞），总工、重大型号总师、特级专家及国家三大奖获得者中，西工大校友占60%以上。"西工大一个班里出了3位总师——歼20总师、运20总师、歼15副总师"，更是引起广泛关注。

"西岳轩昂，北斗辉煌，泽被万方，化育先翔，巍哉学府，辈出栋梁，重德厚生，国乃盛强，千仞之墙，百炼之钢，镂木铄金，飞天巡洋，公诚勇毅，永矢毋忘，中华灿烂，工大无疆。"长歌赋热血，丽篇赞山河。起源于国立西北工学院的校歌，每逢重大活动，总是响彻云霄。

在西工大，校训、校风、校歌精神交响，弦歌不辍。

团结奋进　求实创新

——新疆大学校训背后的故事

王瑟[1]

　　天山脚下有一所被喻为"边疆各族人民掌上明珠"的高校——新疆大学。走进新疆大学校史馆，迎面的墙上镌刻着"团结奋进，求实创新"的八字校训。

　　新疆大学的前身是创办于1924年的新疆俄文法政专门学校，1935年1月改建为新疆学院，1960年10月1日正式成立新疆大学。2000年12月30日，新疆大学与原新疆工学院合并组建新的新疆大学。

　　抗战期间，新疆学院进步人士很多，林基路、杜重远、李志梁、茅盾、祁天民等一批教育家、艺术家和进步人士，先后来到新疆学院工作。新疆学院成为新疆传播革命真理的阵地和培养各族进步青年的摇篮，被誉为"第二抗大"。

　　1938年五一国际劳动节这天，林基路组织全院师生和毗邻的省立一中学生去迪化（现更名为乌鲁木齐）的风景区——水磨沟野游。当时，林基路和李志梁分别给同学们表演节目，讲述革命故事。在欢乐的氛围中，林基路依照延安的中国人民抗日军事政治大学的八字校风，提出了"团结、紧张、质朴、活泼"八个字作为新疆学院的校训。

1　王瑟为光明日报记者。

校训的故事 | 131

回校后又把这八个大字写在了洁白的墙上，勉励学生们戒除浮华的习气。之后，林基路又撰写了校歌，鼓励学生"把民族命运担在双肩——勇敢向前"，并积极调整教学计划，增设由中共党人讲授的新课程，开展"抗日救国日"宣传活动，促进新疆社会的进步。

"这是新疆大学校训最初的来源。新中国成立后，学校紧密结合新疆开发建设的需要，在立足新疆、服务新疆的办学实践中，不断弘扬和发展优良传统，进一步形成了'团结奋进，求实创新'的校训。"新疆大学党委书记李中耀说。

90多年的沧桑巨变，新疆大学已发展成拥有哲学、经济学、理学、艺术学等9个学科门类，23个学院，1个研究生院，1个独立学院，1个教学研究院，4个教学实践中心，8个研究所，1个干旱半干旱可持续发展国际研究中心的大学。在校生近3万人，拥有1名中国工程院院士，1名教育部"长江学者"特聘教授，10人入选教育部"新世纪优秀人才支持计划"。

李中耀说："今年（2015年）是新疆大学十分关键的一年，按照《新疆大学总体发展战略规划》确定的目标，新疆大学综合办学实力将跨入西部高校先进行列，将建成在中亚有较强影响力的高水平教学研究型大学，为到2020年把新疆大学建成'西部先进，中亚一流，国际知名'的高水平大学，奠定坚实的基础。这一切，都离不开林基路当初定下的校训的指导。以新疆稳定和发展为己任、以民族团结与进步为追求，坚持用马列主义、爱国主义和科学思想武装各族青年，致力于先进文化传播和进步人才培养，力争为新疆社会经济发展、长治久安、各民族共同繁荣进步作出更大贡献。"

自强不息　求真务实

——听塔里木大学党委书记王选东讲校训

王瑟[1]

"自强不息，求真务实。塔里木大学的校训似乎很平常，却蕴藏着不平凡的故事。"塔里木大学党委书记王选东谈起校训的由来，一下子就把人的思绪拉到20世纪50年代。"1958年夏天，在世界第二大沙漠边缘，一所新型的大学——塔里木河农业大学，在一群身穿军装的军人手里从无到有。为了国家的至高利益，开发塔里木的战略需要，王震将军亲自确定了学校的校训——自强不息，求真务实。"

塔里木大学是当时交通最不便、条件最艰苦的大学。在学校的校史馆里，一张张发黄的照片上，学校老师与学生住在地窝子里，教室就在广阔的田地里，黑板就架在果树下、羊圈旁。那时的新疆生产建设兵团刚刚成立不久，大量的资金投向了发展工业和农业生产，塔里木大学只能因陋就简，培养发展生产中急需的新型人才。

靠着军人的气质与胆识，塔里木大学仅用短短几年时间，在20世纪60年代就成为国内较有影响的大学。"自强不息，求真务实"的校训也成为这所大学最令人敬仰的精神实质。

"虽说学校几经改名或撤销恢复，但塔里木大学始终坚持王震将

1　王瑟为光明日报记者。

军在建校之初提出的'理论联系实际，教学生产相结合，学得好，用得好'的办学思想，形成了'艰苦创业、民族团结、求真务实、励志图强'的校风，成为新疆南疆地区最实用的人才摇篮。"王选东自豪地说。

塔里木大学从最初的几个专业，发展成为现如今的以农为优势，农、理、工、文、经、管、法、教育等学科协调发展，面向全国招生的综合性大学。涵盖19个二级硕士学位专业点，46个本科专业，有4个省级及以上重点实验室，建立了环塔里木经济发展研究中心、非传统安全与边疆民族发展研究院和西域文化研究院等科研机构。

"自建校以来，塔里木大学已为国家培养输送毕业生4万多名，社会认可度高，用人单位评价好。据新疆人事厅、教育厅统计公布，我校毕业生就业率连续10年排在新疆高校的前列，彰显了'沙漠学府用胡杨精神育人，塔河明珠为兴疆固边服务'的鲜明办学特色。"王选东的话里透着骄傲与自信，"一所高校的校训表明了这所学校的办学理念与宗旨，塔里木大学将一直秉承着这个理念与宗旨，继续把学校办成让人民满意的学校，让更多学生学到知识、树立远大理想的学校。"

校训的故事·忆述

历史学家王春瑜说：『走出大学大门，已逾半个世纪，而母校校训，一直像母亲的叮咛，时时在我耳边回响。』校训，是学校文化精神的凝练，是师生立身治世的指引，亦是价值信念的传承。二零一四年七月起，光明日报推出《校训的故事·忆述》系列文章，邀约多位文化、科技、教育名家学者，回忆校训对其本人求学时的熏陶引导及后来治学做人的深刻影响，以期进一步弘扬校训所蕴含的正能量，展示其对人格塑造和价值引领的重要作用。

以"诚恒"立身

杨乐[1]

诚者，诚信；恒者，有恒心。60余年过去，母校所赋予的"诚恒"之道，我虽已别离一甲子仍不敢忘怀。

1950年，我考入江苏省南通中学。这所名校历史悠久、人才辈出，当地许多人将它亲切地称之为"省中"，其中有敬意，更有自豪。

1906年，在我国近代第一城——南通，清末状元、著名实业家和教育家张謇邀集通海五属官绅，共议设立公共中学校，以城北盐义仓旧基为校址，筹款建校，1908年2月落成。因系地方集资，定名为"通海五属公立中学"，1909年3月7日开学。这正是南通中学的前身。

当年12月20日，张謇经过反复斟酌，亲笔手书"诚恒"二字为中学校训，上校训匾于礼堂。上匾之日，他说："诚于做人，恒于学问，是为诚恒。"其后数年虽曾两易校训，但至1946年，仍恢复"诚恒"校训，沿用至今。

在我的记忆中，"诚恒"之道赋予了南通中学厚重的人文精神。记得那时候的一次考试，老师发好试卷，就离开考场等待，直到考试结束。老师相信，"诚于做人"的南通中学生定能守住诚信的准则。而年轻的学生们的确不负所托，在南通中学6年，每一次考试，我从未发现身边有一位同学作弊造假，这种师生间的互信，正是一种"诚"。

1　杨乐为中国科学院院士、数学家。

在南通中学，每一个学科都受到了重视，可以说，它的学风醇厚，每一位老师的教学态度真诚，绝不是为升学、为考试而教。60多年过去了，当年在生物课上，老师绘声绘色地讲解达尔文进化论的画面，依然历历在目，这种对于学问的真诚亦深深影响了我。

初二时，我对数学开始发生兴趣，逐渐立志走上数学研究的道路。当时的数学老师陆颂石曾对我说："在古代，中国的数学一直领先于世界，明代以后特别是近代却渐渐落后了。而今我们要赶上去，这是历史交给你们这一代的重任，唯有持之以恒，钻研再钻研。"他教会我的，便是"恒"，唯有通过许多的演算练习，不厌其烦的推导，方能走出做学问的正道。后来，我在函数研究中获得的一些进展，与中学时诸位老师的谆谆教诲是分不开的。

"诚恒"之道，用心深远。当下在教育界、科学界，"诚信"缺失的问题不断凸显，令人忧虑。对于科学研究特别是基础研究，要自主创新，就要更加注重"诚信"，对于前人和他人的科研成果要给予尊重，要做自己的东西，否则只能亦步亦趋。在学校教育中不断加强诚信的教育和建设，正是我们这一代学者的责任。而"恒心"对于学术研究来说更是起着极其关键的作用。科学研究是一个漫长而又艰难的历程，许多年轻人以为，拿到博士学位就是成才。其实，这只是学术研究的入门，其后的10年才是决定其发展的关键时期，这就考验着一个人的恒心。

几年前，南通中学颜若愚老师挥笔写下一首五绝，寄赠给我。诗中写道："青年精数理，遐迩仰荣名。驰贺鹏程启，攻关勖老兵。"学术路上，昔日老师饱蘸激情的希冀，令我更感肩头责任。"诚于做人，恒于学问"，我愿以此"诚恒"之道与广大青年共勉，以比立身。

光与真理

赵丽宏[1]

进大学不久，在我的记忆中印象最深的事情，是图书的开禁。一批世界名著重新出版发行，对爱好文学的人们来说，真是天大的喜讯。这也是一个文化专制和封闭的时代结束的象征。新书上架时，书店里出现了极其热闹、感人的景象。每一家新华书店门口都有排队购书的长龙。华东师大校园里有一家小书店，每天早晨，中文系的学生和其他系的学生一起，早早地等在书店门口。门一开，大家便蜂拥而入，不管出了什么新书，先买下来再说。那时，阮囊羞涩，但是，我还是倾其所有，将可能买到的书都买了下来。还好，那时书价便宜，4本一套的《战争与和平》才5块钱出头一点点，上下两本的《悲惨世界》还不到两块钱，像砖头一样厚的《红与黑》才一块多钱。花10块钱，便能捧回一大堆新书。这些书，尽管以前都读过，但是，有不少书是偷偷摸摸借来读的，现在，能自己拥有这些书，是一种莫大的满足和幸福。我还买了重新出版的很多诗集，其中有普希金的《叶甫根尼·奥涅金》、歌德的《浮士德》，有雪莱、拜伦和海涅的诗选。很多中国的现代文学名著也纷纷重版，如巴金的《激流三部曲》、茅盾的《子夜》、曹禺的剧作选、冰心的散文选、艾青的诗选等等。这些书，也出现在我的小小的书架上。而现代文学中曾经绝迹的一些诗人和作家的作品，

---

1 赵丽宏为上海市作家协会副主席。

如徐志摩、戴望舒、沈从文，虽然不能一下子看到重新出版的书，但在图书馆能借到他们的书，在阅览室里能读到他们的书。对以前所知的文学史，大家都开始有了新的认识。

离那家小书店不远，就是学校的图书馆。华东师大图书馆藏书丰富，阅览条件也好。每天晚上，图书馆的阅览室就成了同学们读书的天堂。读书的学生太多，阅览室坐不下，很多同学早早就等在阅览室门口，门一开，就能进去找一个座位坐下来，然后再去借书。而大多数学生，就在教室里读书、写作、做功课。晚上，宁静的校园里一片灯光。那种景象，非常美妙。我曾经写过一首赞美校园灯火的诗发表在《文汇报》上，由衷地表达了我欢快欣悦的心情。

校园里学习的风气非常浓，经历了10年"文革"的大龄同学，都珍惜这来之不易的学习机会，女同学们表现得更为突出。那时，宿舍晚上10点以后要熄灯，不少女同学熄灯后在蚊帐里打着手电，点着蜡烛读书。有一个同学点着蜡烛读书时烧着了蚊帐，差点引起火灾。

值得一提的是当时校园里文学创作的风气。那时，文学道路上人才济济，成为作家是很多人的向往。这一届学生中，热衷于创作的同学很多，而且都有生活积累。进大学后，在上课读书的同时，他们的创作欲望也被激发起来。那时没有太多的发表园地，在报刊上发表作品，还不是一件太容易的事情。怎么办？同学们自发地在文史楼的走廊里办起了壁报，将自己创作的作品工工整整地誊抄出来，配以插图，贴在壁报上。一时，办壁报成风，中文系4个班级，每个班都有自己的壁报，发布在文史楼的走廊中。有的甚至以寝室为单位办起了壁报，贴在宿舍楼的走道里。这些壁报，水平不低，以现在的眼光来看，都是纯文学的刊物。每一期新的壁报出来，都吸引很多同学去看，不仅中文系的同学，其他文科或理科的学生，甚至校外的文学爱好者，也闻讯来参观。

这些往事，距今已经30多年了，但好像就发生在昨天。我想起学校历史中曾经有过的一条校训"光与真理"，我喜欢这条校训。对知识和真理的追求，应该是大学生永远不可放弃的目标。

母亲的叮咛

王春瑜[1]

　　儿时，我每出家门，至邻庄玩耍，或至三里路外的高作镇上购笔墨，母亲都要叮咛再三：防备被狗咬，小心失足落水。1954年，我在盐城中学读至高二，因病辍学，次年夏，申请退学，以社会青年身份，考入复旦大学历史系，从本科到研究生，读了八年多，毕业后，在上海师范大学任教，后调入中国社科院历史所。复旦大学是教我在知识的汪洋大海中畅游的伟大母亲，而其校训"博学而笃志，切问而近思"是指路明灯，照亮我前进的道路，更似母亲的叮咛，要终身记取，切实遵行。1964年5月，我的研究生毕业论文《顾炎武北上抗清说考辨》，经答辩委员会投票通过。走出复旦大学大门，已逾半个世纪，而母校复旦校训，一直像母亲的叮咛，时时在我耳边回响。

　　校训源自《论语·子张》："博学而笃志，切问而近思，仁在其中矣。"事实上，这正是复旦大学优良校风的体现。以我就读的历史系而论，教我们世界古代史的教授周谷城，在课堂上多次告诫我们，要于学无所不窥，由博而约。他本人就是个典范，他不但精通外语，更精通史学，以一人之力，写成《中国通史》《世界通史》，20世纪40年代由开明书店出版。1927年，周谷城投身湖南农民运动，任湖南农会秘书长，打土豪，反封建。大革命失败后，他到上海教书，是著名的

1　王春瑜为中国社会科学院历史研究所研究员。

反蒋爱国的民主教授。

又如教授周予同，在课堂教导我们，不管见到什么书，都要翻翻，要懂得目录学、版本学，又教导我们，"天下兴亡，匹夫有责"，回忆他与周谷城在五四运动中参与火烧赵家楼，亲眼见到匡互生点火的情景。20世纪40年代，他们是反蒋、反独裁、争民主的"上海大学教授联合会"主席，有很大的社会影响。

我研究生时的指导老师陈守实，是梁启超的弟子。抗战时，他投笔从戎，参加新四军，任苏南行署文教科长。战争环境下，常要夜行，他眼睛近视很深，骑马甚不便。粟裕同志劝他还是返沪到大学执教为好，他才重回教育岗位。

三位老师以及教授蔡尚思、谭其骧、王造时、程博洪等都是"博学而笃志，切问而近思"的楷模，我荷蒙教诲，幸何如也。

我在复旦大学读本科时，遍读文史书籍，换过三个借书证，读研究生时，在善本书室，有多种康熙初年的刻本，如《砥斋集》《海右陈人集》等，还是我第一个掸去书上的灰尘，以前无人读过。研究生毕业论文通过，等待分配时，又蒙蔡尚思师特别关照，给我一把中国现代思想史资料室（内部）的钥匙，使我看了包括汉奸、托派、无政府主义者等等的书，开阔了视野，丰富了知识。我关心国事，心忧天下。我是1967年冬上海第一次炮打张春桥的"1·28"事件的策划者之一，并写了"点将录"传单。为此，受到张春桥的走狗徐景贤、徐海涛、杨一民、张惠民之流的迫害，我先后三次被隔离审查，直到1976年粉碎"四人帮"，后被平反才停止。在丧失自由的日子里，我"切问而近思"，彻底反思"文化大革命"。从1977年至1979年，我先后发表了《究竟谁是牛金星》《株连九族考》《"万岁"考》《烧书考》等杂文。《"万岁"考》发表后，更引起广泛的社会反响。

20世纪80年代初，我清醒地看到，贪官日多，民甚厌之。为了总结中国历史反贪的经验教训，我主编了近百万字的《中国反贪史》。此书由四川人民出版社出版。后由中国出版集团、人民出版社重版，并获得第十三届中国图书奖。事实证明，古今往事千帆去，唯有校训一篷知。我将牢记母校复旦校训，继续前行，生命不止，奋斗不止。

以"毅"立身 以"弘"立世

周叶中[1]

　　武汉大学的校训历经更迭，然"弘毅"二字得以保留至今，激励着一代代的"武大人"。"弘，宽广也，毅，强忍也，非弘不能胜其重，非毅无以至其远。弘而不毅，则无规则而难立，毅而不弘，则隘陋而无以居之。弘大刚毅，然后能胜重任而远道。"简单的"弘毅"二字承载着武汉大学丰赡、厚重的精神内涵，勉励着广大学子既要有宽宏远大的抱负，也须具备坚强刚毅的韧劲。

　　作为一名"老武大人"，无论是在学生时代，还是走上教学科研岗位后，抑或是投身于法制宣传活动，"弘毅"二字始终激励我朝着明确的目标不懈努力，成为我精神世界里最为宝贵的财富。

　　1981年，我从湖南武冈的农村来到武汉大学求学。初到武大时，就被良好的学风和浓郁的校园文化深深吸引，这就是我理想中的大学。兴奋之余，诸多现实难题也摆在了面前。农村孩子学习底子薄、语言表达弱、视野不开阔，与同学之间的巨大差距曾让我感到迷茫与彷徨。也许是湖南人"霸得蛮"的坚忍品性使然，鞭策我拼命学习。大学四年，我只回过两次家，其他的时间都用在读书上。正是有了这份坚持，才有幸成为教育部首批推荐免试的研究生，更为重要的是养成了良好的思维方式，包括批判性思维、形象思维、逻辑思维，让我

1　周叶中为武汉大学副校长。

受益终身。

"弘毅"二字于我而言有一种亲切感，宽宏坚毅而胸怀远大抱负，其中蕴含的精神与我的价值追求以及人生轨迹非常契合。现在，回想起曾经奋斗的岁月，感慨万分，最重要的是，明白了一个道理："人与人之间最小的差距是智商，最大的差距是坚持。"

教书育人是我一生坚持的梦想。留校任教后，我对"弘毅"有了更深层次的理解。正如美学家朱光潜先生对"弘毅"二字的解读——"养成宏毅豁达的胸襟气宇"。除坚守三尺讲台外，国家重大现实问题始终是我学术研究的立足点，并致力于新时期中国法治建设的理论研究与实践。老校长刘道玉教授在这方面给了我很多启发，不仅要有开拓的意识和创新的精神，还要有研究重大现实问题的前瞻性。何华辉老师的教导，上到爱国精神、下到为人处世，都使我受益匪浅。

"弘"与"毅"二者是紧密联系，缺一不可的。徒有宽宏的视野与远大的抱负是不够的，往往需要几十载如一日的坚持，只有在坚持中才能将抱负付诸实践。作为一名宪法学者，做学问固然重要，但比关起门来做学问更重要的是，让宪法法律走进广大干部群众的生活，将宪法法律观念植根于人们的心灵深处，这是我一生的追求与抱负。

为实现这一理想与抱负，90年代初至今，上至中央政治局集体学习，下至乡镇干部群众普法，我在全国范围内作法制宣讲报告已近2000场次，足迹踏遍了几乎所有省、自治区和直辖市。当然，这些努力对于国家与社会的现实需要来说还远远不够。因此，每次到大学作完报告之后，当学生希望我题字时，我总会写下"法治中国，任重道远"几个字。这既是鼓励学生成人成才，学有所成以投身于法治国家建设，亦是自勉，勉励自己在普法的道路上坚定地走下去。

如果要总结成长经历，深深感念于"弘毅"之精神对我的激励、支撑和鞭策，以及母校的培养。也感念于刘道玉先生、何华辉先生等一大批学者的谆谆教诲。我谨将"弘毅"二字与广大青年共勉，我们既要仰望星空，又要脚踏实地；既要志存高远，又要躬亲实干，顶天立地于浩然世界。

重思汇文校训

肖复兴[1]

　　我的母校北京市汇文中学，有143年的历史。三年前参加140周年校庆的活动，看到了当年的校训被制作成巨幅的木牌，放在了校园醒目的位置上，驻足观看并与之合影留念的新老校友很多。新中国成立以后，曾经相当长的一段时间里，不怎么提这个校训，我在这里读书的时候，是用"德智体全面发展"作为替代的。

　　当年的校训是"智仁勇"，1929年蔡元培先生以《中庸》原句"好学近乎智，力行近乎仁，知耻近乎勇"题释之，并书赠汇文学校。如今，重新思索一番这老校训，心里有一种异样的感觉，面对着这则校训，禁不住在雨中站了一会儿，看了许久。

　　一百多年过去了，这则校训依然具有鲜活的力量。如果将蔡元培在这里提到的"好学""力行"和"知耻"，对应学校长期用以替代的"德智体"，可以发现，相近却又不同。仔细比较两个校训的差异，不仅仅是词语的差别，更是办学理念和教育思想的差别。

　　长期以来，我们是把"德"放在第一位的，而蔡元培则把"学"放在第一位。品德，对于学生而言当然至关重要，但在求学阶段，知识的学习是第一位的，品德的教育要蕴含在所有的学习之中。这样的区别，让"学"和"德"不至于割裂，让德育不至于仅仅成为品德课

1　肖复兴为《人民文学》、《小说选刊》原副主编、知名作家。

和政治课的演讲或修辞，而和学生的实际相离太远。

对于德智体的要求，我们长期以来讲究的是"全面发展"，这是一个笼统的概念和标准。蔡元培则将这样的要求具体化，并且具有靶向性，使其有了明确的目标，而这样的目标又是和中国传统文化密切关联的。他将"学"的目标定位于"智"，即学习的目标不仅仅是为求得书本的知识和考试的成绩，而是要让自己成为一个头脑充满智慧的人。他将"体"的目标定位于"仁"，即不囿于身体健康方面，而更强调身体力行之中对于社会的作用和自己思想的成长，他所指的"仁"和孔夫子所讲的"仁"是一致的，这是中国社会经久不衰追崇的一种精神品格和理想。他将"德"的目标定位于"勇"，不仅仅指的是勇敢，更是一个人心底和性格的健康和健全，以及自身的坚强与自我的完善。

在这里，要特别强调一下的是，蔡元培将"德"集中在了"知耻"这一点上。当然，这和当时的历史有关，在当时半封建半殖民地的社会背景下，中国落后而遭受外侵和外侮，"知耻"需要拥有正视自己的勇气，但唯有"知耻"才能让自己看到和世界的差距，才能让自己警醒而奋起，从而立足于世界民族之林。

如今的新时代，我们就不需要"知耻"的勇气和精神了吗？我们的经济长足发展了，但不等于我们的文化和精神随之一起发展。为了这经济的发展，我们所付出的代价是昂贵的，甚至有些方面是透支的，不要说自然环境的污染，个别人道德的滑坡，就已经令人触目惊心。如此，要求新一代的年轻人在校期间明示"知耻"这一点，难道不正当其时吗？关注社会，不满足于现状，正视自己的问题，才是真正的"勇"，才有真正的力量。

记得校庆那一天，不少比我年轻的小校友，欢快的小鸟一样纷纷地跑过来，站在这则老校训前合影留念。年轻的脸庞、青春的身影和这则校训交相辉映。希望这则校训不仅印在照片上，也能够刻在他们的心中，同时铭记在所有曾经在这所学校读过书的人的心上。

实事求是永无止境

王利明[1]

    1981年，我考入中国人民大学法律系攻读研究生，一进校门，竖立在校园内的"实事求是"标语就映入眼帘，在校学习期间，我处处感受到人民大学严谨踏实、务实创新的校风。我的导师佟柔教授和我第一次见面，就对我说，要老老实实做人，踏踏实实做事，不来半点虚假。我想这就是对实事求是的内涵最为朴实的一种概括和诠释。

    我时常到图书馆阅览室阅读，在那里经常见到方立天教授。方教授穿一双布鞋，拎一个水壶，经常在图书馆一坐一天，无论寒暑，无论节假日，都在那里查阅各种资料。据图书馆的工作人员对我讲，方教授大年三十都在这里看书，每天都是最后一个离开图书馆的人，图书馆专门给他准备了一个座位。后来方教授成为享誉海内外的著名佛教学家、宗教学家，与他的长期埋头治学、"板凳坐得十年冷"密不可分。方教授治学的历程就是实事求是精神的最好解读。

    我在研究生学习期间，给我们上《资本论》的孟氧老师是一个具有传奇色彩的人物，在"文革"期间，他曾因对"极左"思潮提出意见，被打成现行反革命，并被判处死缓。在狱中，他受尽折磨和摧残，但他始终坚定不移地信仰马克思主义，并坚持研究《资本论》，在狱中完成了《资本论的故事》等著作。据他介绍，他给我们讲授《资本论》

---

1   王利明为中国人民大学常务副校长。

的许多备课资料都是在狱中完成的。孟氧老师坚持追求真理，只向真理低头，不向邪恶屈服，也深刻地诠释了实事求是的内涵。

我从这些前辈大师身上深刻领会了实事求是的精髓，也受到了潜移默化的熏陶。自1984年留校任教以来，我始终以实事求是的精神严格要求自己。我一直主张，我国的民法学研究不能仅仅从古希腊、古罗马出发，也不能简单地照搬外国法，而应当符合我国的国情，创建中国特色的理论体系。我国的民法学研究作品应当谱写在中国的土地上，而不能在外国学者所设定的"笼子"中跳舞。多年来，我始终秉持"人民的福祉为最高的法律"的理念，坚持严谨求实的学风，坚持独立的人格和学术良知，不人云亦云，不盲从潮流，不信口开河，更不做某一利益集团的"代言人"，坚持为民众代言，为国家服务。在参与立法的过程中，我也始终主张，我国的立法应当以我国的基本国情为基础，相关的制度设计也应当以解决我国的实际问题为出发点和归宿。2005年，在《物权法》起草期间，网络上、社会上对物权法草案的讨论非常热烈，有人在会上公开批评我所主张的平等保护原则，认为国家财产和个人财产不能平等对待，穷人的打狗棍不能和富人的宝马车放在一起保护，平等保护就是保护富人，《物权法》一旦颁布，就是社会主义的倒退。这一争论关系到我国是否应当制定《物权法》，甚至关系到如何看待我国基本经济制度等问题。我自己经过认真调研，撰写并发表了一系列论文和报告，捍卫《物权法》，坚持《宪法》所确立的平等保护原则。我和全国民法学界的许多学者一起，召开一系列理论研讨会，形成基本共识，并向国家立法机关提交报告，最终促使立法确认了物权平等保护原则，并积极推动这部法律得以问世。值得欣慰的是，《物权法》颁布以来的实践表明，平等保护原则是保护老百姓财产权的重要法律依据，也是鼓励亿万人民群众投资创业、积极创造物质财富的制度保障。这也表明，《物权法》是符合我国国情和亿万人民需要、符合实事求是原则的法律。

　　法学是一门实践之学，而不是象牙塔式的学问。人大校训蕴涵的不唯书、不唯上、只为实的"求是"之义，鼓励我求实奋进，与民法同行，同时，实事求是所包含的踏踏实实做人的含义也成为我为人处事的基本准则。

校训精神，激励我一路前行

杨善林[1]

我高中毕业做了10年农民与建筑工人。1978年，考入合肥工业大学计算机应用专业学习，完成本科、研究生的学习后，便留校任教，是"土生土长"的合肥工大人。对我影响最大的是合肥工大的文化氛围，是"厚德、笃学、崇实、尚新"的校训精神。

合肥工大创建于1945年，工业救国是当时知识分子面对积贫积弱现实的共同追求，也是"厚德"的基本内涵。在此基础上，培养严谨笃行治学态度的"笃学"，培养求真务实科学精神的"崇实"和培养面向未来的创新思维的"尚新"，就成了应有之义。

告别工地走进校园时，改革开放大幕刚刚拉开。那时候，老师给我们讲的最多的是工业兴国的时代使命和神圣责任。无论是在教室、实验室还是图书馆，老师们崇高的思想、宽广的胸怀、强烈的社会责任感和执着追求真理的精神，给满怀理想的我们树立了言传身教的榜样。

至今还记得，我的本科毕业设计是"计算机辅助图书馆管理系统"。当时，计算机在国内刚刚开始初步应用，计算机管理系统几乎是空白，一切只能从零摸索。指导老师李玉庆和时任学校图书馆馆长的程世宽教授，对这个课题非常支持，事无巨细，不厌其烦。这项

---

1 杨善林为中国工程院院士、合肥工业大学教授。

设计后来获得了安徽省图书馆协会一等奖。在整个过程中，李玉庆和程世宽两位老师体现出的"厚德、笃学、崇实、尚新"精神，让我难以忘怀。

开车去加油站加油，到达指定刻度后加油枪就会自动停止，这在今天看来不足为奇。但在30年前，我读研究生期间参加国家"六五"计划攻关课题——"自动化流量控制系统"研究时，还属于"硬骨头"。学校里没有实验条件，指导老师就带着我们泡在合作单位做实验，没日没夜。当这套以单片机技术为基础的国内第一代产品成功之后，我们更体会到了工业报国的责任。

什么样的老师，带出什么样的学生。留校工作之后，我深知必须时刻严格要求自己，才能深刻地影响学生。20世纪90年代初，网络对于绝大多数中国人来说，还是个新鲜词。1992年，国务院有关部门批准立项的"安庆石油化工总厂计算机辅助管理及生产过程实时监测系统"公开招标。我那时刚刚从德国进修回国，知道这样的项目对于民族工业的意义。我骑着自行车，在校园里四处张贴海报招募团队人才，迅速进行技术方案准备，投标书中的网络图，都是我和师生们趴在木板床上一点点画出来的。

轿车整车的开发过程是一个技术与管理深度融合的复杂系统工程，也是轿车企业的核心技术之一。为了完成这一课题，我带着课题组的师生们，在奇瑞汽车公司边上租房子，吃住都在公司。经过多年的努力，我们构建了有特色的轿车整车开发系统的基础平台，建立了合理的轿车整车开发过程分级优化与决策模型和信息资源库，设计了轿车整车开发过程管理规范及其控制标准，开发了高效的轿车整车开发过程管理信息系统，实现了整车产品开发过程管理的柔性化。这项成果使奇瑞汽车整车开发周期缩短了3至6个月，降低开发成本10%至15%。

从信息管理与信息系统研究，到基于知识发现的综合决策支持系统；从过程优化与智能决策，到宏观管理研究，这些年，我和同事们的多项研究成果，成功运用到各行各业，总算没有辜负合肥工大"工业报国"的神圣追求和校训精神。"厚德、笃学、崇实、尚新"，激励着我一路前行！

站着的校训

禚玉群[1]

　　我本科毕业于清华大学，博士、博士后期间都在英国，如今回到清华并在热能工程系任教10多年。从这里出发，又回到这里，"自强不息，厚德载物"的八字校训一直在我求学和执教之路上激励着我。如果说清华校训是刻在石碑上的静态文字，那么老清华人展现出来的品格和风骨则是站着的校训，栩栩如生，对我影响至深。

　　清华校训出自《周易》中的卦辞："天行健，君子以自强不息；地势坤，君子以厚德载物。"1987年我考入清华热能工程系，校训对于我们刚进校门的学生来说，其实是比较抽象的，我们对它的理解更多的是来自身边的老先生们。在我求学生涯中，我有幸遇上了徐旭常先生，他毕业于清华大学，并在清华工作了五十余年。老先生已经过世了，他给予我的帮助和引导，回想起来仍感动不已。

　　"宽厚"是所有接触过先生的人对他的评价，而我感触尤深。我的本科毕业设计是先生指导的，用计算机模拟锅炉内部的流场。我修改了之前一个学生编写的几万句的程序，结果运行不通。我就把这些程序打印出来，上面标上我认为可能有问题的句子，找先生讨论，先生说帮我看看。几天后，先生带着厚厚的打印本给我，对我说："我

1　禚玉群为清华大学研究员、博士生导师。

已经全部仔细看了，另外我觉得这些地方也有问题，我已经标注在上面了。"听完之后，我特别感动，因为作为一个德高望重的院士，他能够静下心来，和一个本科生平等讨论，要知道几万句的计算机英文程序对于一个60岁的老人是个不小的挑战。

先生年轻的时候学俄语，不懂英语，由于科研需要才自学英语，凭借顽强的毅力，达到了流利交流的水平，这种自强的精神也无形地影响着我们。

在我跟着先生继续读研究生的时候，碰到了一个不大不小的插曲。机缘巧合，我获得了英国帝国理工学院一个全奖求学的机会，当时出国留学是很多学生向往的，而那时高校的氛围并不鼓励学生出国。我向先生表达了出国的意愿，徐先生没有生气，反而鼓励我说，年轻人出去见见世面是好事。我的出国打乱了先生的科研计划，在人手非常紧缺的情况下突然离开，实在愧对先生。

在英国的7年时间，我时常和先生保持联系，他仍然像以前一样鼓励我，帮助我。在我博士后快结束的时候，接到了先生的电话："回清华吧，国内正是快速发展的时候，需要能源方面的人才，你有很大的发展空间。"短短数语，包含了老师对学生的深情厚谊，他总是在我最需要的时候及时出现并加以点拨。

2011年，先生离我们而去。在追思会上，一位国企老总回忆了先生对他的影响。20世纪70年代，在一次讲课结束后，先生对底下的工农兵学员说，"我讲明白了吗？如果没有讲明白，我重新讲讲"。这位老总就是曾经在座的学员。先生没有居高临下地问学员们听懂了没有，而是考虑自己有没有讲明白，就是这样一种处处为他人着想的品格感召了许许多多的人。

先生虽已经离我们而去，但是先生的宽厚之道传承下来了，在我们研究所有一个这样的传统：老教师主动把研究生名额分配给青年教师，并把科研项目和科研经费向他们倾斜，以鼓励年轻人的成长。

"自强不息，厚德载物"这句校训影响了清华几代人，而老清华人展现出来的品格是对校训的生动实践，他们是站着的校训，他们把"厚德""自强"融入骨骼血液中，激励着一代又一代的清华人。

孙逸仙的大学

郭启宏[1]

大江之滨矗立着巍峨的北校门，坦然面对浩瀚的外部世界。为花木映衬着的南校门，则向过客敞开深邃的内宇宙。这就是中山大学，我的母校。

记不清哪一年了，大概是20世纪90年代，我沿着两旁紫荆树遮掩的大道，向校园行去。一座中西合璧的建筑物突现眼前，是小礼堂。其外，一列高大的棕榈树如旌旆拂云，树前一围花圃，其间有钢管支撑着若干大字。远处观来，字悬半空，走近细看，是校训：博学，审问，慎思，明辨，笃行——孙文。

我有些奇怪，读书的时候咋没听说过？当年毕业留校，如今已是博导的老同学笑了，讲起了校史。大约1923年，孙中山先生倡议在广东设立两所学校，一是黄埔军校，一是广东大学，以一文一武的学校模式，造就"为国家、为人民、为社会、为世界服务"的人才。十字训词即是孙先生于1924年11月11日广东大学（后改名为中山大学）成立典礼时所亲笔题写。

中山大学是我国唯一以伟人命名的大学。我说，那是国人对一代伟人的崇敬，孙先生业绩之丰，声誉之隆，近现代史上无人能出其右。不过，当年我们根本不知道有孙先生题写的校训呀。老同学

1　郭启宏为北京人民艺术剧院一级编剧、北京戏剧家协会名誉主席。

又笑了，那时候我们跟着反右，大跃进，三面红旗，记不起孙先生了。我又读了读十字校训，那里有传统的蕴涵，也有创新的精神，有对艰难时世的悲悯，也有对后起新人的寄望。十个字源自《中庸》，还是修、齐、治、平的意思吧，底线是做一个君子。老同学叹息，当今做君子也不易，你看大学里论文抄袭，考试作弊，你从孙先生以一文一武造就人才的初衷来看，先生企望的岂止君子，更是新时代国家的栋梁！

我曾二度造访台湾高雄的中山大学。听说两个中大早已开展学术交流活动，我在兴奋之余，忽生莫名惆怅，填了一阕《一剪梅》："疑似早年进校园，天也蓝蓝，海也蓝蓝。一枝一叶一欣然，身也翩翩，心也翩翩。恍若今生未结缘，来也谦谦，去也谦谦。几多心事向谁言？问也闲闲，答也闲闲。"两校隔海相望，却同以孙先生诞辰之日的11月12日作为校庆日，用同一校训。看见那十字校训，我几欲落泪。

我毕业离校已经几十年了，思念却如醇酒，愈陈愈沁香。只要有机会去广东，我总要回母校看看，一入雅称"康乐"的校园，总不由自主吟咏谢康乐（灵运）的名句，"池塘生春草"也未？"园柳变鸣禽"了么？每次路过小礼堂，我更要瞟一眼侧墙上的文字，那是孙先生1923年12月21日在这里对岭南大学学生的演讲，其中有两句话令我震撼，也堪玩味："我劝诸君立志，是要做大事，不可要做大官。"孙先生是职业革命家，但他不是想做大官的人，为了国家统一，他可以让位给袁世凯。他对记者说他一生爱好唯有读书，面对书本，他永远把自己放在学生的位置上。"不求当大官，立志做大事"，已经成为中大学生的座右铭，我以为这是中大十字校训最好的注脚。

我很自豪，我曾是中大的学生，中大的英译名是 Sun Yat-Sen University，直译孙逸仙大学。俄语译名更有意思，孙逸仙的词格用的是占有格，即"孙逸仙的"，中大校名的俄语直译是"孙逸仙的大学"。

融入血液的牵引

于化东[1]

1979年9月，我幸运地考入长春光学精密机械学院，也就是现在的长春理工大学的前身。令人引以为荣的是，学校由著名科学家、两院院士王大珩先生亲手创办，是新中国第一所培养光学专门人才的高等学校。

入学时，学校并没有明确的校训，但如今的校训——"明德、博学、求是、创新"，在当时学校的教学理念中已有体现，并在多年办学过程中逐渐凝练出来。

当年，考入大学着实不易，同学们都特别珍惜这来之不易的校园生活，路灯下学习、放下饭菜讨论是常有的事。学校对学生们更是负责至极，为了给大家打下良好的数学基础，高等数学老师温学恒十分注重教学方法；讲授材料力学的王长兴老师更是要求严格，制图设计、实验操作不允许有丝毫差错。可以说，这些老师都很好地诠释了"明德、博学、求是、创新"的校训精神。这一点，我的很多同学都有同感。

长春光学精密机械学院成立20周年时，老校长王大珩先生在学校庆典上作了讲话："要实现四个现代化，就必须培养专门人才，整个高等教育必然要大发展，希望全体师生员工紧跟党中央的部署，把学院建成既是教学中心，又是科研中心，做到既出人才，又出成果！"

1　于化东为长春理工大学校长。

老先生对我们寄予厚望，希望师生们理想远大、刻苦学习、真抓实干、不断攀登。这份寄托恰与如今的8字校训交相印证，鼓励师生为祖国光学事业的发展披荆斩棘。也是从那一刻开始，我暗下决心要肩负起历史赋予的重任，在科学道路上勇敢前行。

1993年10月，我被国家公派到日本千叶大学留学。怀着报效祖国的责任感，带着对国外先进技术的向往，我踏上了7年出国深造的征程。经过努力拼搏，我获得了日本千叶大学工学博士学位，学术论文荣获日本砥粒加工学会优秀论文奖，该奖每年只评出3位，我是该学会成立以来获奖的第一个中国人。

2000年，我回到了祖国的怀抱，在母校教书育人、培育栋梁。如今，我主持完成了"刀具磨损在线检测技术""激光扫描尺寸在线检测仪的研制与开发"等30余项国家、省部级课题，发表学术论文49篇，学术成果应用于火箭、导弹、神舟系列飞船，被授予全国优秀科技工作者、吉林省劳动模范等多项荣誉称号。2009年，我作为留学归国人员代表参加了新中国60岁生日国庆观礼，感受着祖国的繁荣与发展，内心无比激动。

成功背后经历的无数次失败、失望与痛苦，赋予我更多的人生感悟，更对"明德、博学、求是、创新"有了更深刻的认同。回顾个人的成长足迹，有挑灯夜战的勤奋，有异国求学的孤寂，也有研发成功的喜悦，更有报效祖国的欣慰。幸有母校"明德、博学、求是、创新"的校训，在理念思想、治学方法、科学精神、品格修养等方面指引着我，引我成功。

如今，每当与学生在一起时，我都会不由自主地把自己的奋斗故事讲给长春理工大学的莘莘学子，希望"明德、博学、求是、创新"的校训精神也能深深扎根于他们的生命中，帮助他们取得成功。

校训文化专家谈

五千年源远流长的中华文明积淀了深厚的文化传统，形成了浩如烟海的文化典籍，这些文化典籍，是中华民族文化中的核心元素，理应成为大学教育的宝贵资源。耐人寻味的是，中国各类院校的校训，其立意多源于传统经典文化，深受中华经典文化的滋养，呈现出中华经典文化价值的传承与弘扬。

丰沛的源泉，不竭的动力

徐梓[1]

　　校训是学校的灵魂，是学校精神的表征，体现了特定学校的特定性格和气质。一则个性鲜明、恰切允当、具有强大感召力和生命力的校训，一方面在于它生动地传达了一所学校的教育理念和办学风格，另一方面则在于它根植于民族文化的沃土，从丰厚的传统文化中吸取了养料。

　　经典是一个民族的根基所在，魂魄所系，它承载着这个民族的文化基因，守护着这个民族的历史传统。而《四书五经》对于我们中华民族来说，就具有这样的意义。它不仅是为我们民族文化奠基的著作，是塑造我们民族性格和风貌的著作，而且哺育了一代又一代中国人，对于我们民族的语言和思想，都具有示以准绳、匡其趋向的意义。

　　正因为如此，很多校训都取材于《四书五经》。如中山大学的"博学、审问、慎思、明辨、笃行"十字校训，即取材于《中庸》的为学之道："博学之，审问之，慎思之，明辨之，笃行之"；香港中文大学的校训"博文约礼"，则出自《论语》中颜渊对孔子的赞叹："夫子循循然善诱人，博我以文，约我以礼。"大家熟悉的清华大学的校训"自强不息，厚德载物"，则出自《周易》。由于源自于经典，这些校训不仅根扎得深，言近旨远，辞约义丰，文化意蕴深厚，而且借助经典的

力量，传播得也广，为人们喜闻乐道，读起来亲切自然。

也有不少校训出自其他历史文献，同样是在漫长的历史过程中，经过了反复的锤炼，语句的凝练生动和意蕴的悠远丰厚也不遑多让。这一类校训中，最为人们津津乐道的是北京师范大学"学为人师，行为世范"的校训。这一校训虽然是启功先生在1996年夏天最早提出来的，但这简短的八个字，可以看作是中国优秀教育传统的厚积薄发，可以看作是一代又一代中国教师的誓言。对学与行的强调和追求，是中国教师的优良传统，也是传统师德的核心内容。中国传统文化对教师学和行的一贯强调，结晶出众多形式整齐、简洁明快的句式，如"言为士则，行为世范""学为人师，行为世表""经为人师，行为世范""经为人师，行为仪表"，等等。南宋时期，高宗赵构为孔子及七十二贤一一制作了赞词，其中关于颜无繇的赞词就有"行为世范，学为人师"。这可以看作是北京师范大学校训的直接渊源。

总之，我国众多的校训立足于传统，来源于传统，我们民族优秀的传统文化是它们丰沛的源泉和不竭的动力。正因为根植于传统的沃土，有赖于民族文化的养分，它才得以根深叶茂，弥久常青。同时，这些校训又进一步培植了传统，提炼了传统，以优良的校风为载体，使得传统得以传承下去，并接纳时代的因子，进而更加茁壮。

贵在"借古开今"

孙邦华[1]

　　大学校训是在大学历史传统中形成，是大学办学宗旨、理念、精神的高度凝练和体现。校训有隐性与显性两类。虽然一些学校虽然没有明确的校训内容，但是学校的创办者或主持者提出的办学思想或原则被接受，甚至在比较长的时期对学校发展产生指导性的影响，那么，这一办学思想或原则就可以视为隐性校训。

　　南宋教育家朱熹为岳麓书院题写"忠孝廉节"一文，对书院学子的道德教育和人格塑造具有引导性作用，"忠孝廉节"因而成了实际上的院训。清末教育家黄以周在江苏南菁书院掌教15年，以"实事求是，莫作调人"为座右铭，律己诲人，同样发挥了院训的功能，并且在现当代中国开了以"实事求是"作为大学校训的先例。蔡元培担任北大校长时提出了"思想自由，兼容并包"的办学原则，尽管这一思想没有被明确定为校训，但是它对随后北大较长时间的办学发挥了指导性作用，同样具有隐性校训的意蕴。显性校训是由学校明文确定的概括学校办学宗旨的训导语，或悬之于礼堂，或书之于校门口，或设置于校徽之中。它产生于西方，在民国初年从美、日引入国内，在20世纪30年代，国内大学纷纷厘定校训。

　　纵览欧美大学和清末民国时期中国大学的校训，我们不难发现一

1　孙邦华为北京师范大学教育学部教授。

个规律，就是从形式到内容都是标志自身所属文化源头。牛津大学、剑桥大学、哈佛大学、耶鲁大学等具有几百年历史的名校，其校训基本是用拉丁文，而不是英语、意大利语等新语言，其内容大多源于《圣经》或古希腊罗马先贤、诗人的名言警句，大都以真理、智慧、光明、自由、博爱等为思想核心。民国时期的中国大学校训大都使用文言文，内容基本源自儒家经典，以诚朴勇毅和求真笃学为思想核心。

现代大学在西方经历了几百年的发展，无论政治、经济、文化等背景如何变换，大学的性质、办学宗旨、学科设置、人才培养模式等如何变化，但名校的校训始终不变。中国现代大学只有几十年到百余年的历史，但不少大学的校训已经发生了多次变化。近年来，我们的大学纷纷重视校训的征集、确立工作，对学生的影响如何？有媒体做过相关调查，当问到一些毕业生或校友母校的校训时，不少人说没有印象或记不住。训者，引导、劝勉、激励也。一方面，这说明我们的一些大学还没有真正把校训融入学校文化（不能等同于校园文化）之中，难以对大学师生的思想行为起着引导、规范作用，另一方面，我们的一些大学校训在思想内容、表达形式上存有不少问题，缺乏个性。

大学校训具有相对的稳定性，但前提是它必须真正对学生健康成长具有导向性，又能体现文化的民族性。西方大学校训历久不变，当下不少百年名校陆续恢复清末民国时期的校训，说明古老的校训同样可以赋予新意，体现现代大学的精神。一言以蔽之，大学校训应该"借古开今"。

成人之砥

储朝晖[1]

　　校训通常是一所学校精神和理念的凝练。学校的首要功能是育人，这就决定着古今中外众多学校的校训，主要是基于办学者对人性的理解和对外在世界的认识，围绕如何育人，如何认识世界，如何追求真理所做出各不相同的言说和表达。

　　校训的这种旨趣决定着校训在成人方面有着强大且持续的效能，这种效能可以简要地概括为校训是成人之砥。

　　从"砥"的字面意义理解，它包含两层意思：一是砥砺、磨砺；二是砥柱，中坚力量。校训在成人上的第一层含义，主要发生在学校的新生刚接触校训的阶段，需要结合自己的生活与学习体验理解校训、认同校训，并用校训规范自己的言行，引导自己的志向确立、人格形成，检讨自己的过去，规划自己的未来。在这一阶段，学生需要将自己原来的个性与以校训为旨要的规范进行反复不断碰撞、磨合，形成带有自己个性特征的校训个性化理解模式。

　　校训在成人上的第二层含义主要发生在学生认同校训，准确地理解校训并在有了自己个性化的理解之后的人生旅程之中。现实中确实大量存在一些校训仅在学生在校期间发生作用，这种理解是片面的。事实上对那些真诚、严肃地对待校训对待人生的人，校训发挥的作用

1　储朝晖为中国教育科学研究院研究员。

是终身的。走出校门之后，每个人都会面对权势、面对利益、面对各种情感的冲动以及各种自己没有预期的荣辱，此时校训就会成为自己安身立命的中流砥柱。

现实中有一些人平时不注意修养，一些学生对校训没有敬畏心，走出校门便把校训抛到脑后，遇到人生的关口，心中早无砥柱，做人轻易失去底线。于是有了不少出了名校之门便忘乎所以的人，其中一些后来蜕变为失节或贪腐分子。这一方面因为部分学校尚未确立适合自己的校训，或任意为之、简单拼凑校训，或所立校训未能准确反映人才成长与真理探求的规律。另一方面，学生在校期间对校训没有深刻理解，不少人连校训的内容也记不住，更谈不上形成对校训的个性化理解。

有鉴于此，各校亟须重视校训的育人作用，对那些新建高校，要把校训的确立作为育人的重要工作。在做这项工作的过程中，要坚持以人为本，育人为要，要意识到校训应该是国家意志、社会趋势与学人精神相互融合的结晶，学校应自觉地将社会核心价值与学校育人目标结合起来，确定有独特气质的校训。

同时，所有学校都应重视学生在校期间的校训磨砺过程，以良师为示范，以典型案例为内容，让整个学校设置与运行的方方面面与校训的精神表里如一。让校训精神既内隐于教学思维，又外显于校貌校容；既潜藏于学生之心，又体现于学生之行，成为彰显学校鲜明个性与特色，促进学生成人的一种富有魅力的内驱力。

校训应成为学校内人人向往的高尚境界，人人可以享用并坚守的砥石，导引学生在积极向上的氛围中共享激励与鞭策，守住底线与规范，走向成熟与完善，追求创新与超越，直至终生。

大学的文化符号

孙邦华[1]

校训（motto），如同现代大学一样，是近代从西方引入中国的，有研究者认为上海教会学校圣约翰大学为近代中国最早明定校训"Light and Truth"（"光与真理"）的大学，民国时期诞生的各类大学大都仿而效之，确立校训。近一二十年来中国的大学，或恢复，或继承，或新定，普立校训，作为大学文化建设和实现育人目标的一项重要举措。

中国大学的校训既然受西方校训的影响而产生，因而存有一些共同的特质和属性，且不说民国时期的新教大学燕京大学、齐鲁大学、圣约翰大学等，要么直接借鉴了耶鲁大学、哈佛大学、约翰·霍普金斯大学等校训的内容与形式，要么思想源于《圣经》，更重要的是中西方大学的校训都具有为了学生健康成长的目的性、导向性，把校训悬于校门、礼堂等重要位置，甚至标识在校徽之中。从内容上看，中西大学校训可划分为"为学"、"为人"、"为人"与"为学"相结合等三大类。

以"为学"为主旨，是指大学强调学生对知识、真理的不懈追求为办学的主要目的。对于这类大学的校训，比较有代表性的西方大学有：英国剑桥大学的校训为 Hinc lucem et pocula sacra（拉丁

1　孙邦华为北京师范大学教育学部教授。

文），意思是："此乃求知学习的理想之地"，德国柏林大学的校训为 Das Leben für die Wissenschaft（德文），意即"为科学而活"，美国哈佛大学的校训为 Amicus Plato，Amicus Aristotle，Sed Magis Amicus VERITAS（拉丁文），意思是"与柏拉图为友，与亚里士多德为友，更与真理为友"，耶鲁大学的校训是 Lux et Veritas（拉丁文），意思为"光明和真理"，麻省理工学院的校训是 Mens et Manus（拉丁文），意思是"理论与实践并重"（或者说"手脑并用"），美国西北大学的校训为 Quaecumque sunt vera（拉丁文），意即"凡事求真"，美国哥伦比亚大学的校训为 In Lumine Tuo Videbimus Lumen（拉丁文），意思是"在上帝的神灵中我们寻求知识"，芝加哥大学的校训是 Crescat Scientia，Vita Excolatur（拉丁文），意思是"让知识充实你的人生"，美国加州大学的校训是 Fiat Lux，意思是"愿知识之光普照大地"，加拿大皇王大学的校训是 Sapientia et Doctrina Stabilitas（拉丁文），意思是"知识与智慧使你处乱不惊"，澳大利亚悉尼大学的校训是 Sidere Mens Eadem Mutato（拉丁文），意思为"物换星移，智慧永恒"，澳大利亚国立大学的校训 Naturam Primum Cognoscere Rerum（拉丁文），意思为"重要的是认清事物的本质"。这类有代表性的中国大学校训有：民国时期的新教大学齐鲁大学的校训是"尔将识真理，真理必释尔"，民国时期的天主教天津工商学院、天津大学（自民国至今）和今天的中国人民大学的校训都是"实事求是"，浙江大学校训是"求是创新"，复旦大学校训是"博学而笃志切问而近思"，中山大学校训是"博学审问慎思明辨笃行"。

所谓以"为人"为主旨，是指大学主要强调对学生的塑造以道德为本，培养具有高尚品格、勇敢气质和服务精神的人。这类大学校训，比较有代表性的西方大学有：美国宾夕法尼亚大学校训 Leges Sine

Moribus Vanae（拉丁文），意思是"法无德不立"，美国佛罗里达大学的校训为 Civium in moribus rei publicae salus，意思是"国家的利益取决于公民的道德"，美国维克森林大学的校训为 Pro Humanitate，意思是"为了博爱"，美国著名军事院校西点军校的校训是 Duty, Honor, Country，意即"职责，荣誉，国家"，德国哥廷根大学的校训是"为了全人类的福祉"。中国大学的这类校训以清末民国时期的大学较为普遍，如上海南洋公学（上海交通大学前身）校长唐文治于1910年确定"勤、俭、敬、信"为校训，北京高等师范学校于1913年确立"诚实、勇敢、勤勉、亲爱"为校训，南京高等师范学校曾经确立一个字的校训"诚"，后来发展成为东南大学、中央大学后，把校训相继改为"止于至善"与"诚、朴、雄、伟"，上海沪江大学确立"信、义、勤、爱"为校训，福建协和大学以"博爱、牺牲、服务"为校训，金陵大学则以"诚、真、勤、仁"为校训，南开大学以"允公允能、日新月异"为校训，暨南大学以"忠、信、笃、敬"为校训，西北大学以"公、诚、勤、朴"为校训，西北工业大学以"公、诚、勇、毅"为校训，河南大学以"明德新民，止于至善"为校训，香港浸会大学以"笃信力行"为校训，澳门大学以"仁、义、礼、知、信"为校训。

所谓"为学"与"为人"相结合，是指大学强调求知求真与人格完善兼顾，培养德才兼备的人。相比而言，西方的大学和民国时期的中国大学大多从"为学"或"为人"中一个方面确立校训，个别大学校训是"为学"与"为人"的结合型，譬如：美国理海大学的校训 Homo minister et interpres naturae（拉丁文），意即"理解自然，服务自然"，英国曼彻斯特大学的校训为 Cognition, Sapientia, Humanity（拉丁文），意思是"知识，智慧，人性"，德国柏林自由大学的校训为 Veritas，Iustitia，Libertas（拉丁文），意思是"真理，公平，自由"，清华大学自1914年起确立"自强不息，厚德载物"的校训，燕京大学确立 Freedom Through Truth For Service（意即："因真理，得自由，以服务"）为校训，东吴大学确立英文校训"Unto a Full Grown Man"（意即"为社会造就完美的人格"）加中文校训"养天地正气，法古今完人"。近年来中国的大学在确立校训的大潮中，绝大多数校训都是"为学"与"为人"的结合型。譬如：北京师范大学校训"学为人师，行为世范"，南京大学校训"诚朴雄伟，励学敦行"，山东大学校训"学无止境，气有浩然"，北京航空航天大学校训"德才兼备，知行合一"，中国政法大学校训"厚德、明法、格物、致公"，北京舞蹈学院校训"文舞相融德艺双馨"。

　　中西方大学的校训，尽管在内容上大致都可划分三种类型，但是，它们在形成的历史传统、文化土壤、制度因素等方面存有诸多差异，因此，中西方大学校训在思想来源、价值观等方面还是有本质差别的。西方历史名校的校训思想内容大都来源于基督宗教的经典《圣经》，如美国的耶鲁大学、哥伦比亚大学、约翰·霍普金斯大学、加州大学、比利时的鲁汶大学等；一部分出自古希腊罗马先贤、诗人的话语或诗句，如加拿大多伦多大学、澳大利亚国立大学、墨尔本大学等。中国的大学校训，在民国时期，一般来自《大学》《中庸》《论语》《学记》《汉书》等儒学经典和史书，甚至金陵大学、天津工商学院等教会大学也不例外，目前百年名校也大都恢复旧有的校训。同样在讲"为人"，西方的大学非常强调博爱、自由、服务，如斯坦福大学的校训 Die Luft der Freiheit weht（德文，即"愿自由之风劲吹"），中国的大学主要强调诚朴勇爱等道德修养。同样在讲"为学"，西方的大学强调在上帝的灵光中去探索真理，牛津大学的校训 Dominus

Illuminatio Mea（拉丁文，意即"上帝乃知识之神"），美国杜克大学的校训 Eruditio et Religio（拉丁文，意即"追求知识，信仰上帝"），中国的大学则强调勤笃、敬业等儒学传统。

　　大学校训是大学理念、大学精神的集中体现，中西方大学在大学理念、大学精神上是共性与个性（特色）兼具的，共性与个性都植根于赖以生存的文化之中。现代大学在造就具有高深知识和高尚人格的高素质人才之时，离不开超越东西方的人类共同的知识、思想，也不能忽视民族文化资源和传统。人既是文化的创造者、传承者，也是文化的塑造者。一定的文化形成一定的校训，大学校训则是体现人类共性和民族特性的文化符号，这种文化符号必然渗透到每一所大学的办学宗旨、办学传统、管理制度、学科建设、师生群体等各个方面，并转化为对育人的整个活动之中。

出自经典，蕴含永恒价值

于建福[1]

纵观中国近代以来的大学"校训"，可谓林林总总，尽管算不上"繁花似锦"，也难称得上"群星璀璨"，但就总体而言，挖掘和传承中华经典文化价值，是中国大学校训的鲜明特性。中国大学校训多源于传统经典文化，深深地植根于中华经典文化的沃土并获得丰厚滋养，其中蕴含着丰富而深邃的育人睿智。

传承中华经典文化价值是中国大学校训的根本特性

五千年源远流长的中华文明积淀了深厚的文化传统，形成了浩如烟海的文化典籍，这些文化典籍，是中华民族文化中的核心元素，理应成为大学教育的宝贵资源。耐人寻味的是，中国各类院校的校训其立意多源于传统经典文化，深受中华经典文化的滋养，呈现出中华经典文化价值传承取向。换言之，我国博大精深的经典文化，为大学校训的提出和确立提供了肥沃的土壤，校训所蕴含的教育真谛，不难从中华经典文化中寻觅。显然，传承中华经典文化价值是中国大学校训的根本特性。就我国已有大学校训的经典文化价值传承取向而言，具有如下特点。

第一，某些校训直接取自某一部经典之嘉言，或是同一部经典中

1　于建福为国家教育行政学院教授。

嘉言的有机组合。复旦大学校训"博学而笃志切问而近思",就直接源于《论语·子张》子夏之言,由复旦创校校长马相伯协同李登辉校长选定,用以表达复旦学人的学术品格与志趣。由郭秉文校长确立的东南大学校训"止于至善",则直接出自《大学》,倡导师生达于进德修业之佳境。由孙中山为广东大学(后中山大学)题写的校训"博学审问慎思明辨笃行",出自《礼记·中庸》"博学之,审问之,慎思之,明辨之,笃行之"。该校训注重"学""问""思""辨"功夫,并谋求在此基础上有"行"之果,从而成就事功。清华大学借梁启超《君子》演讲而形成的"自强不息厚德载物"校训,源于《易传》乾象"天行健,君子以自强不息"和坤象"地势坤,君子以厚德载物",旨在启迪人们效法"天道"而"自强不息",效法"地道"而"厚德载物",进而达成理想人格。诸如此类,举不胜举。

第二,不少校训出自多部经典,是多部经典名句的融合。1903年陈宝琛为福建东文师范学堂所制定"化民成俗其必由学,温故知新可以为师"校训,融合《礼记·学记》和《论语·为政》两句名言,深切表达了教育兴国理念,同时传递为学为师之道:不温故而开新,只能是无源之水;只温故而不能开出新知,知识就没有发展而停滞,这是为学或为师者都应懂得的道理。厦门大学的校训"自强不息止于至善"中的"自强不息"源于《易传·乾卦》,"止于至善"源于《礼记·大学》,既体现出历久弥新的民族精神,又体现着内圣外王的大学之道。

第三,众多校训传承着院校自身的文化命脉,是传统经典文化价值的凝练。众所周知,云南师范大学是在国立西南联大师范学院基础上发展演进而来。尽管历史风云变幻,云南师大至今仍沿用"刚毅坚卓"校训,坚信《尚书正义》所谓"刚能立事",《论语·泰伯》所言"士不可以不弘毅,任重而道远",《左传·宣公二年》所倡"杀敌为果,致果为毅"，《后汉书·马援传》所言"穷当益坚"，《诗·大雅》所谓"实坚实好"，《论语·子罕》所谓"如有所立卓尔"，薪火相传，联大精神得以延续，文化命脉得以维系。显而易见，传承院校自身文化命脉的校训，实有典籍出处，同时蕴含着中华传统文化典籍之价值。

承载经典文化价值的校训蕴含着丰富而深邃的育人理念

颇具中华经典文化价值传承取向的校训，必然蕴含着丰富而深刻的育人理念。由中国传统文之中寻觅、凝聚而成，揭示教育的真谛，承载着学校历史传统和理想追求的具有浓厚的文化底蕴的校训，必然薪火相传，凝聚着一代代教育工作者教育新人、引领文化的心血和智慧，浓缩着一批批学子孜孜求知、探求真理的信念与勇气，体现了学校教育的价值追求，对师生道德文章发挥着潜移默化的熏陶作用。承载经典文化价值的校训所蕴含的育人理念主要体现在如下几方面：

第一，勉励大学人博学善学好学而乐学，学问思辨行兼顾，务求"知行合一"，经世致用。中华民族素有尚"学"尚"行"传统，与此传统相一致，大学校训涉及"博学""笃学""励学""乐学"，强调"敦行""力行""笃行""行笃敬"，按为学之序，努力兼顾"学"与"问""思""辨""行"，力求"经世致用"。暨南大学"忠信笃敬"校训，勉励师生言行一致，成就君子品质。北京师范大学"学为人师行为世范"校训强调"学"与"行"的统一，激励教师成为学生效仿的典范，而且鞭策学子求学不息，担负教书育人之天职。

第二，激励大学人"实事求是"，不懈探究知识，追求真理。深受传统经典文化的影响，中国大学不少校训注重格物致知，"尚实"而"求是"。中国人民大学和天津大学等院校的校训"实事求是"，浙江大学等院校校训所包含的"求是""惟真"之语，无不植根于中华经典文化，旨在弘扬中国本土化治学精神，以明道穷理为永恒主题。

第三，营造思想自由、兼容并包的优良文化氛围。中华文化经典历来尚中贵和，主张"和而不同"，确信"万物并育而不相害，道并行而不相悖"。蔡元培在《〈北京大学月刊〉发刊词》中所倡导的"囊括大典网罗众家"，所期望遵循的"思想自由之通则"和"兼容并收之主义"，之所以一直为不少学人所信奉，主要是因其中传承了中华经典中蕴含的"中和"理念，而且能针砭时弊，凝聚共识。某些校训包含的"厚德载物""博大精深""含弘光大"，就是期望大学人度量宽厚，"躬自厚而薄责于人"，应具备大度包容的气质和丰富而深邃的内涵。

第四，唤起大学人自强不息，时中日新。中华民族生生不息，得益于"自强不息"的民族精神；中华民族的伟大复兴，依然需要人们具有刚毅的性格，权变时中的智慧，刚健有为的精神，要求大学找准定位，担当应负使命。从西南联大到云南师范大学所秉承的"刚毅坚卓"校训，正是中华民族刚健有为、自励自强、昂扬向上的精神追求的体现。清华大学、厦门大学校训所涉及的"自强不息"之所以受到学界高度认同，主要是因其作为中华经典文化精神，体现了健全人格所必备的品质。在中华经典文化教育发展中，富有"与时偕行"的品质，具有权变时中的理性精神，由此而促进大学时中日新。

第五，启迪师生遵循大学之道，修身为本，修己安人，实现理想人格。中华经典强调修身为本，以天下为己任，努力达成"修己安人"的理想人格。基于此，大学校训注重道德教化和人格涵养，常用"厚德""明德""崇德""修德""立德""弘德""德合自然"，期望"止于至善"。完善的人格需要有精神境界和价值追求，特别需要讲"正气"，有"风骨"。两岸"东吴人"之所以依然倡导"养天地正气法古今完人"，"山大人"之所以信奉"气有浩然"，都与中华经典所主张养"至大至刚""配义与道""非义袭而取之"的"浩然之气"密切相关，更为重要的是，能够由此彰显历久弥新的特有文化魅力和润物无声的潜在育人价值。

校训传承经典文化价值之启示

基于中华经典的大学校训，在大学自身发展过程中，经过历史的积淀，历久弥新，任凭风云变幻，仍能守望一以贯之之道。出自经典蕴含永恒价值的校训，作为一种内在的精神成果，长期作用于学校育人的全过程，耳濡目染，润物无声，理应发挥着独特的潜移默化的"正能量"作用。为进一步突显校训特色，切实传承校训蕴含的经典价值，实有必要关注如下问题：

首先，植根经典文化，凝练院校校训。显然，中华传统经典是构建校训并使校训更具文化魅力的源泉。挖掘中华经典智慧，吸收中华文化精髓，结合时代精神和本校文化传统，凝练和解读院校校训，是建设民族性多样化特色化校训的优先选择。要解决某些校训雷同和肤浅现象，无疑需要从中国传统文化尤其是经典智慧的挖掘上下功夫。

其次，增强校训经典名句的认知与认同，并凝聚共识。蕴含中华经典智慧的校训，内涵深刻，意味深长。大学不是只将其刻在石头上，拓在石碑上或是喊几句口号就能体现其固有的育人价值，而是要让全体"大学人"能够真正认知和认同，了解其经典出处，把握其寓意，在此基础上，广泛凝聚共识。

再次，贵在身体力行。蕴含中华经典价值的校训，有赖于学人内化于心的同时，能共同自觉践行，自觉将校训理念作为约束自身言行的准则。要解决校训形同虚设的状况，则需要大学人形成愿景与合力，以身作则，人人身体而力行之。

　　此外，深入挖掘与阐发校训经典内涵，深刻领悟大学育人之道。校训要发挥传承经典文化价值的功能，必须深入开展经典研读，深入挖掘与阐发校训经典内涵，回归教育本真，同时要融古通今，强化使命担当，深刻领悟修己安人的大学教育之道，养成健全人格，达到"至善"境界。

校训的故事 · 寻思录

校训是学校历史和文化的结晶，其字里行间折射的，是一所大学经过数十年甚至上百年风雨洗礼后积淀下的文脉和精气神，是一笔宝贵的财富。在当前中国各大高校，校训不仅展现了大学精神，也从不同角度阐释着社会主义核心价值观的内涵。[1]

1　2014年7月28日，中宣部、教育部、光明日报社联合举办"大学校训传播社会主义核心价值观"研讨会。此前的6月24日，光明日报社、上海市教卫系统思想政治工作研究会、上海理工大学联合举办"大学校训与社会主义核心价值观"研讨会。此部分为两次研讨会的发言摘要。

不断赋予校训精神新的时代元素

邱勇[1]

校训，是一所大学全体师生员工乃至广大校友须共同遵守的基本行为准则与道德规范，具有鲜明的导向性和勉励性特征。可以说，校训是一所大学传统与精神的集中体现，是大学文化的支柱与灵魂。

清华大学的校训"自强不息，厚德载物"缘起于梁启超先生在清华的一次演讲。1914年11月5日，梁启超在清华大学给清华学子作了题为《君子》的演讲，他以《周易》的两个象辞"天行健，君子以自强不息"（乾卦），"地势坤，君子以厚德载物"（坤卦）激励学子努力成为"真君子"，自励犹如天体之运行刚健不息，果敢坚毅，奋发图强；又如大地的气势厚实和顺，以博大之襟怀容载万物。梁启超的演讲深深激励了清华学子，后来"自强不息，厚德载物"被铸入校徽，高悬于清华大礼堂的上方，成为师生共同遵守的校训。

清华校训精辟地概括了中国文化对人与自然、人与社会、人与人关系的深刻认识与辩证的处理方法，强调人们要效法天地，在学、行各方面不断去砥砺践行。事实上，"自强不息，厚德载物"也是中华民族的民族精神与民族性格的重要表征，与社会主义核心价值观一脉相承。今年五月，习近平总书记在会见全国自强模范暨助残先进集体和个人代表时指出，中华民族历来强调自强不息、厚德载物。著名哲

1　邱勇为现任清华大学校长。

学家张岱年先生也提到："坚强的意志、宽容的态度在中国文化里面起了主导作用，是一种健康的正确的思想。"正因为如此，清华校训不仅在清华师生、校友中不断传承，在全社会也广为传播。

随着时代发展，"自强不息，厚德载物"的校训精神也在不断升华演进，涵盖了雪耻图强的爱国奉献精神、严谨求实的科学求真精神，海纳百川的包容会通精神和人文日新的追求卓越精神。一批批清华学子秉持校训精神，在我国革命、建设和改革的各条战线上无私奉献，艰苦奋斗，为国家为民族乃至人类文明创造了杰出业绩。

大学肩负引领社会风气之先的责任，在校的青年学子更是处在价值观形成和确立的关键时期，其价值取向决定着未来整个社会的价值取向，因此在高校培育和践行社会主义核心价值观具有极其重要的意义。大学校训教育具有潜移默化、深远持久的育人效果，要进一步探索大学校训与社会主义核心价值观的契合点，加强校史、校情教育，开展丰富多彩的校园文化活动，不断赋予校训精神新的时代元素，让广大师生对校训精神内涵有更加清晰的认识，进而增强大家对社会主义核心价值观的认同感，自觉做社会主义核心价值观的践行者、传播者。

"自强不息，厚德载物"的校训已成为清华人永久的精神力量。我们将格外珍惜这一清华师生共有的精神财富，在坚守传承学校精神文化的同时，自觉投身于实现中华民族伟大复兴的中国梦的历史洪流之中，作出更大的无愧于时代的业绩。

价值观的生动体现

刘利[1]

　　校训体现了一所学校的办学传统、精神风貌，是学校精神文化传统和办学理念的沉淀。北京师范大学"学为人师，行为世范"的校训，高度契合了社会主义核心价值观的精神，是核心价值观的有效载体和生动体现，曾多次出现在国家领导人的重要讲话中，在社会上具有广泛的影响力和感召力。

　　一方面，北师大校训与核心价值观都根植于中国优秀传统文化。"学为人师，行为世范"，就是要求师生"所学要为世人之师，所行应为世人之范"，其精神根植于"师垂典则，范示群伦"的中国传统价值观。

　　另一方面，北师大校训涵盖了学校100多年来形成的"爱国进步、诚信质朴、求实创新、为人师表"的优良传统，与核心价值观有着共同的精神内涵。民主、自由、平等、爱国、诚信等这些社会主义核心价值观的内核，同样也是北师大人执着的精神追求。百余年来，北京师范大学师生始终同中华民族争取独立、自由、民主、富强的进步事业同呼吸、共命运。以李大钊、鲁迅、梁启超、黎锦熙、陈垣、白寿彝、钟敬文、启功等为代表的一代代学养深厚、品行高洁的名师先后在这里弘文励教；以李达、周谷城、楚图南、张岱年、霍懋征、张廷芳、

1　刘利为北京师范大学党委副书记。

次旺俊美等为代表的一代代追求真理、品格高尚的学子从这里走向社会，为了民族解放和国家富强不懈奋斗。如今，一批批年轻的新一代教师又担负起育人兴邦的使命，以青春和赤诚传递梦想，播撒青春。

北京师范大学高度重视学习和弘扬"学为人师，行为世范"的校训精神，把它作为教育引导师生践行社会主义核心价值观的行动导向。

首先，学校高度重视社会主义核心价值观进教材、进课堂、进学生头脑。学校全面深化"两课"课程改革，推进教学方法改革创新，引导学科教师在传授知识和培养能力的同时，将积极的情感和正确的价值观自然融入课程教学全过程。

其次，学校将实践"学为人师、行为世范"校训精神与弘扬社会主义核心价值观相结合，努力营造文明和谐、自由平等的校园文化。一年一度的"感动师大"新闻人物评选是学校的文化品牌活动，如今已成功举办5届。"感动师大"人物身上迸发出的优秀品质是社会主义核心价值观的生动全释。这些人物被社会广泛报道，在全社会范围内进一步弘扬着核心价值观。此外，北师大还搭建了志愿服务、心理健康、书香校园、学术科研等交叉纵横的校园文化复合体系，使得广大师生真正以校训精神为鞭策，养成了良好的学风、校风，营造了优质的校园文化环境。

再次，北师大校训精神核心是"学行结合"，学校尤为重视实践育人的重要作用。今年6月30日，参与北师大"勤学修德志愿行，明辨笃实复兴梦"2014年暑期社会实践的189支队伍、1864名师生奔赴包括港澳台在内的全国各地开展暑期社会实践。实践队将在培育和践行社会主义核心价值观等问题上做深入有效研究。在此之前，每一年的暑期主题实践活动均取得了丰富的成果。

发挥校训的价值引导作用

赵平[1]

经过多年的积累与沉淀，每个学校都形成了具有自身特色的育人传统与文化氛围，校训成为每个学校精神文化特色的点睛之笔。

中国特色社会主义核心价值观，是新中国成立六十多年来的文化实践在继承和发扬中华民族优秀文化传统基础上的凝练和总结。中国大学校训的精神和内涵是新中国精神文化和价值取向的一个缩影，是中国特色社会主义核心价值观的重要组成部分。广泛传播大学校训是培育和践行社会主义核心价值观的重要平台和抓手。

北京理工大学的校训是"德以明理 学以精工"。德以明理，是指道德高尚，达到以探索客观真理作为己任之境界；学以精工，是指治学严谨，实现以掌握精深学术造福人类之理想。这一校训既是建校70多年来我校师生员工崇德尚行、学术报国的真实写照，又是新的历史时期全校师生员工共同努力的方向。

通过校训传播社会主义核心价值观，北理工主要在两个方面着重开展工作，取得了很好的工作实效。

一是积极构建蕴含学校光荣办学历史和优秀办学传统的精神文化体系。学校充分挖掘在教书育人、科研学术和文化传统方面的精神内涵，围绕"德以明理 学以精工"的校训，凝练出"团结勤奋 求实创新"

---

1 赵平为北京理工大学副校长。

的校风和"实事求是，不自以为是"的学风，以及"高远的理想 精深的学术 强健的体魄 恬美的心境"的育人目标，并将校徽、校歌等涵盖其中，形成了比较完备的北理工精神文化体系，结合学校党委倡导的"干部为教师服务、教师为学生服务、全校为人才培养服务"的"三服务"理念，以及"在教师党员中比师德、比育人、比成果，在学生党员中比理想、比学习、比成才，在机关党员中比作风、比服务、比效率，在工勤党员中比态度、比技能、比奉献，在离退休党员中比境界、比健康、比作为"，充分发挥精神文化体系在培育和践行社会主义核心价值观过程中的引领作用。

二是紧扣校训中"德""学"二字做文章，实现育人过程的"德学统一"和人才培养的"德才兼备"。学校在师生道德培养方面，注重发挥自身国防军工特色的优势，深入挖掘校史文化传统，结合重大事件和关键时间有针对性地开展工作，把德育工作贯穿到教育教学全过程；创立以"德育答辩"制度为特色的大学生德育工作新平台，广泛开展"青春榜样"系列宣传教育活动，帮助学生在自我认知和榜样学习过程中不断发展自我、完善自我；学校广泛开展多层次、多元化的社会实践活动和志愿服务活动，广泛组织师生走向社会、了解社会和服务社会，形成了培育和践行社会主义核心价值观的道德和精神教育支撑体系。学校在深度和广度上不断丰富大学生科技创新活动，取得了卓越的成效，营造了良好的学风；学校加强对优秀教师和优秀科研成果的深入宣传，在优秀人才和教学科研成果以及科技成果转化方面制定了相应的扶持和奖励政策，大大推动了学术文化建设。通过对校训中"学"的不断实践和诠释，形成了培育和践行社会主义核心价值观的学术和能力培养支撑体系。

让核心价值观刻印在学生心中

高福廷[1]

大学校训有着丰厚的历史积淀，已和大学自身紧紧联系在一起，它体现了大学的理念内涵、理想追求和精神风貌。在大学这片继承、传播和创新文化的土壤中，校训已植根于此。从某种意义上来讲，社会主义核心价值观的培育与大学校训的建设内涵和传播途径可以紧密结合。高校也必须充分发挥校园文化的作用，为社会主义价值观的培育提供土壤，使社会主义核心价值观刻印在学生心中，成为灵魂深处不可或缺的一部分。

北京交通大学校长宁滨曾在毕业致辞中以"知行致远伴君行"为演讲主题，解读校训"知行"，号召学生在现实生活中，勇敢地面对各种复杂局面，不断学习、努力奋进；不失激情、乐观向上、脚踏实地。

深入宣传校训、持续建设校训就是在播撒社会主义核心价值观的种子。

如北京交通大学"知行"校训，短短两个字，简洁明了，内涵丰富。北京交通大学在其发展的百十年间，都是秉承"崇尚学术，追求真理，知行统一，以知促行""学理、应用并行注重"的办学理念，向师生明示着做人、做事、做学问的道理。多年来，学校在校训宣传方面已经摸索总结了一套经验，如有步骤地利用报刊、广播、电视、

---

1 高福廷为北京交通大学党委副书记。

网络、橱窗、校内刊物等校内外宣传媒体进行广泛的宣传，让全校师生和校友都不断深入了解校训的内容和内涵，并逐渐认同喜欢、自觉内化，不断弘扬。

同时，学校还通过校园环境的设计和建设，把校训内容物化为校园景观——知行校训碑成为交大毕业生母校留念照的必选之景；将校训写入学校宣传手册、招生简章、入学通知书、毕业纪念册或毕业证书，纳入新生入学和毕业教育环节等；与大学精神大讨论相结合，增加宣传广度和深度；注意典型示范的作用，寻找高校优秀校友、优秀师生，从先进人物和典型事迹中挖掘核心价值观的生动体现，彰显导向力量。校训传播在校园里形成了较为系统的传播途径，使学生自一入校就能够铭记校训，毕业后又带入社会、带入工作中，伴随和影响其一生。这些经验和做法通过融入社会主义价值观，为社会主义核心价值观的传播提供现实路径。

加强社会主义核心价值观教育，必须顺应形势，创新方法，充分整合现代一切教育手段，把社会主义价值观的核心内容具化到青年学生容易接受、乐于接受的具体实践活动中，才能使社会主义核心价值观潜移默化地为青年学生所接受。目前，最主要的问题是要找准社会主义核心价值观内涵与本校校训内涵的交叉点，找到宣传途径的共通点、切入点和大学生的兴趣点。总结校训传播规律，辅以成熟的传播手段，可以大量运用新媒体的文字、音视频，新媒体的传播理念和模式，引起年轻人的共鸣。

核心价值观的
南开表达与传承践行

张健[1]

　　1904年南开学校创办之初，校父严修便提出"尚公""尚能"的主张。1934年，积30年办学之实践，校长张伯苓宣布南开以"允公允能"为校训，培养学生"爱国爱群之公德""服务社会之能力"。后来又将校歌中的"月异日新"补充进来，形成了"允公允能，日新月异"的八字校训。

　　如何把校训传承与社会主义核心价值观的培育践行结合起来？南开大学的做法可以归纳为三个方面：

　　一是以校训为载体，赋予社会主义核心价值观以南开的特色表达与解读。随着时代发展，南开"公能"校训被不断赋予新的内涵。我们把"公"理解为在国家层面致力富强、民主、文明、和谐，在社会层面追求自由、平等、公正、法治，把"能"理解为在个人层面涵养爱国、敬业、诚信、友善的品德，培养报效祖国、服务社会的能力，使"公能"校训成为社会主义核心价值观的"南开表达"。

　　二是以践行为抓手，把实施南开特色的"公能"素质教育确立为办学基本战略，培养公能兼备、全面发展的栋梁之材。我们制订了《南开大学素质教育实施纲要（2011—2015）》，着力推动"三个转变"：

1　张健为南开大学党委宣传部副部长。

在办学观念上从"学科为本"转变为"学生为本"，在教育内容上从"传授知识"转变为"发展素质"，在培养模式上从"以教为主"转变为"以学为主、教学相长"。

三是以评价为导向，通过"公能"素质考评，引导学生深入理解、自觉践行校训所凝结的社会主义核心价值观。南开制订了体现"公能"要求、符合学生成长规律的指标体系和考评办法，把"公"细化为公之志向、公之操守、公之襟怀，把"能"细化为生活能力、学习能力、创新能力、协作能力、审美能力，围绕八个方面开展学生自评、同学互评、辅导员点评。目前这一工作正在实践中不断改进和完善，以期发挥"公能"素质考评的激励导向作用。

以校训为载体传播社会主义核心价值观，必须处理好传承与创新、形式与内容、认知与践行的关系，将"24字"社会主义核心价值观融入校训的内涵解读之中，形成贴近各校校史校情、易为师生理解认同的"校训表达"，进而细化到学校发展战略及配套规划之中，使之成为指导学校办学、规范师生品行的圭臬。

做核心价值观的弘扬者传播者

李义丹[1]

光明日报开设的"校训的故事"专栏，从历史和现实两个维度展示校训的文化传统和正能量，通过优秀大学校训深化社会主义核心价值观的宣传，让更多人了解了大学文化，也让更广泛的读者通过大学校训感受到社会主义核心价值观在高校的传播，引起广泛关注。

天津大学原名北洋大学。1914年，老校长、爱国教育家赵天麟总结北洋大学近二十年办学经验，概括出"实事求是"四个字，以之教导学生。这四个字遂成为校训，沿袭至今，对昔日的北洋大学和今天的天津大学在治学、育人等诸方面都起到积极作用，产生了深远的影响。

"实事求是"首先是"实"，从实际出发，干实事、出实效、当老实人、说老实话、办老实事；"实事求是"的目标是"是"，"是"就是科学真理、理想目标和正确的价值观；"实事求是"中最重要的是"求"，"求"就是学习探索、创新突破、艰苦奋斗、牺牲奉献。可以说"实事求是"的校训告诉所有天大人，绝不要安于现状、无所作为，更不要墨守成规、因循守旧。"实事求是"就是要从实际出发，追求真理的创新和进步的过程。"实事求是"的校训蕴含着唯物辩证的思想方法、崇高神圣的人生追求、扎实严谨的工作作风、创新进取

---

1 李义丹为天津大学党委副书记。

校
训
的
故
事

194

的拼搏精神。

在长期的办学历程中，天津大学形成了以"实事求是"的校训精神为核心，以"严谨治学"的校风、"爱国奉献"的传统和"兴学强国"的使命为主要内容的优秀校园文化。天大人在"兴学"中努力探索"强国"之"是"，正是契合建设"富强、民主、文明、和谐"国家的价值目标；天大人在长期办学过程中坚持对学术真理的追求、以人为本、严谨治学，符合社会对"自由、平等、公正、法治"追求的价值取向；天大学子脚踏实地、以国家兴亡为己任，践行着"爱国、敬业、诚信、友善"的价值准则。

"校训的故事"专栏的推出也给我们高校如何做好社会主义核心价值观教育提供了好的借鉴。我们一要继续抓好顶层设计，把以校训为核心的校园文化建设与社会主义核心价值观紧密融合，用社会主义核心价值观不断丰富校园文化的内涵；二要继续把校园文化建设工作具体化、可操作化，如我们每年开展的"校史演绎大赛"，设立"宣怀班""含英班""天麟班"等高层次人才培养平台；三是继续在校内开展"天大故事"的征集活动，支持开展院系史挖掘整理工作，让高校成为社会主义核心价值观的传播者、弘扬者。

特有的精神品格
与潜移默化的价值导向

韩晓峰[1]

　　大学精神的凝练提升，对于引领社会文化发展，弘扬民族精神和时代精神，凝聚广大师生精神力量具有重要现实意义，也是培育和践行社会主义核心价值观的必然要求。以校训为代表的大学文化符号，不仅体现了学校的办学理念、治校精神，更是校风、教风、学风的集中表现，它是大学精神的核心内容，是传播社会主义核心价值观的有机载体。

　　吉林大学校训是"求实创新，励志图强"，它诞生于校庆50周年之际。时代前行，吉林大学校训被赋予崭新的内涵，传承凝练、弘扬发展成以"求真务实的科学精神，自由民主的人文精神，开放兼容的认同精神，隆法明德的治校精神，与时俱进的创新精神"为核心的吉大精神，这一全新阐释于2005年12月被载入《吉林大学章程》。这项"凝魂聚气、强基固本"的宏伟工程，体现了吉林大学血脉传承的历史"基因"，也契合社会主义核心价值观的深刻内涵。

　　发挥校训思想引领作用，高校应该利用人才资源、学科优势、科研协作，为培育和践行社会主义核心价值观提供思想源泉和智力支撑。在发挥第一课堂教学主渠道作用时，我们应该将社会主义核心价

1　韩晓峰为吉林大学党委副书记兼副校长。

值观纳入教育教学总体规划，创新思想政治理论课教学方法和教学形式，着力推动社会主义核心价值观进教材、进课堂、进头脑。

发扬校训文化育人传统，高校应该发挥校训特有的精神品格，潜移默化影响师生的价值导向、精神状态、行为方式。以吉林大学为例，学校制定了"文化荣校"战略，坚持"以校园文化建设为载体，以精神文化建设为核心，以制度文化和物质文化建设为重点"，着力做好"吉大精神凝聚、校园文化塑造、哲学社会科学繁荣、大学文化引领"四大工程建设，积极营造人文浓郁、特色鲜明、品格高尚、兼具历史传统和时代风格的吉大文化。

创新校训实践育人平台，高校应该发掘校训辐射功能，大力宣传在培育和践行社会主义核心价值观中涌现的优秀典型，将优秀传统文化创造性转化、创新性发展为民族精神和时代精神，弘扬主旋律，传播正能量。在核心价值观的培育和践行过程中，要着力做好以下方面：一是与时俱进创新载体，充分挖掘利用新兴媒体，全面占领舆论阵地；二是落细落实、入脑入心，通过讲故事、讲人物、讲佳话，让核心价值观转化为校训中实实在在的小事，赢得师生认可。

传播核心价值观的有效载体

才巨金[1]

哈尔滨工业大学的校训是"规格严格、功夫到家",形成于20世纪50年代初期。它虽然听上去很土气,但是深入人心,已经成为哈工大优良的办学传统、鲜明的人才培养特色和哈工大人共同遵守的行为准则。

半个多世纪以来,哈工大立足航天,服务国防,扎根边疆,不断发展壮大。"规格严格、功夫到家"这八个字被赋予新的时代内涵,由只针对教师、教学的口号延伸成为针对全体师生员工、全校各项工作的普遍要求和共同价值,给师生、校友打下了深刻烙印。不难看出,哈工大校训与社会主义核心价值观在内涵上具有文化同质性,与爱国、敬业、诚信等社会主义核心价值观要素具有内在的高度一致性,成为社会主义核心价值观在哈工大的具体体现和生动诠释,也成为学校在国家、社会、个人三个维度上传播社会主义核心价值观的重要载体和抓手。

如何用校训传播社会主义核心价值观?我们的做法主要有四个方面。一是坚持校训标准,选取了一批以当代知识分子楷模马祖光院士为代表的优秀典型,营造了英雄辈出、先进涌流、风清气正、崇先尚优的校园氛围,产生了"马祖光像很多人,很多人像马祖光"的"哈

---

1 才巨金为哈尔滨工业大学纪委书记。

工大现象",形成了精神引领、典型引路的党建和思想政治工作特色。二是弘扬校训传统,在教育教学上始终坚持"三个三工程",强化学校人才、器材、教材的三才（材）建设,要求教师过教学关、科研关、水平关这"三关",要求学生掌握基本理论、基本概念、基本技能三个"基本",培养出了一大批基础扎实、扎根基层、素质能力过硬的杰出校友。三是坚持把校训精神融入面向国家重大需求、面向国际学术前沿的科研攻关中,锻造了小卫星发射"三战三捷"的微小卫星团队、20年坚守突破卫星激光难题的星地激光链路通信团队等200余个"追梦人"方阵,形成了"大师＋团队"的师资建设方略。四是大力传播校训文化,不仅通过校内师生社会实践和产学研协同创新活动来传播,更通过校友的身体力行来传播,让每一个哈工大人都成为"规格严格、功夫到家"的代言人;不仅出版了《哈工大人》《精神的力量》《八百壮士》等系列丛书,更着力建设了学校博物馆、航天馆、航天园,把学校的发展置于不同历史时期的航天、国防等事业繁荣发展的时空中予以全景展现,让读者和来访者始终站在国家发展层面来体会"铭记责任、竭诚奉献"的哈工大校训文化,成为传播社会主义核心价值观的有效载体和重要阵地。

坚守学校的风骨和灵魂

李萍[1]

中山大学的校训"博学、审问、慎思、明辨、笃行",来自儒家经典《中庸》。

1924年2月4日,孙中山以"中华民国陆海军大元帅"的名义下令将国立高等师范、广东法科大学、广东农业专门学校合并,改为国立广东大学,同年11月11日,国立广东大学成立。当时因为冯玉祥于10月发动政变推翻直系军阀政权,邀请中山先生北上共商国是,孙中山忙于准备北上事宜无法亲临成立典礼,乃摘录《中庸》第二十章中的"博学之,审问之,慎思之,明辨之,笃行之",手书国立广东大学成立训词。

中山大学历来重视校训教育,并将校训教育贯穿于学校教育的全过程。中大的校训在全国大学中是比较独特的,九十年来从未变过,它表达了追求真理的大学精神。虽然这十字校训出自《中庸》,但它超越了传统文化,被赋予了现实意义,这也与社会主义核心价值观中倡导的"自由、平等"一脉相承。孙中山创办的中山大学在九十年历史里大师辈出,流传最广、影响最深的是关于学者的传奇。1927年,鲁迅成为中山大学文学院院长,深入阐释了孙中山"革命不忘读书,读书不忘革命"的宣言。这句话后来成为中大学子光荣的革命传统。

---

1 李萍为中山大学党委副书记。

史学大师陈寅恪用自己的行动阐释了追求真理的校训精神。他曾说过"士之读书治学，盖将以脱心志于俗谛之桎梏，真理因得以发扬"。20世纪五十年代初，双眼已经完全失明的陈寅恪先生，仍然坚持为中山大学历史系开课。无法自己书写，便用口述的方式，逐字逐句请助手记录，历经十余年，最终在75岁的高龄完成了《柳如是别传》。以如此坚韧的毅力、笃行学术理想的诸多学人，正是中山大学的风骨和灵魂。

在新的时代条件下，中山大学始终把校训精神贯穿于大学教育与管理的全过程，把学习宣传校训，融入传播社会主义核心价值观、培养中国特色社会主义事业的合格建设者和可靠接班人的根本任务上来。具体做法主要包括：从新生入学教育抓起，进行校史和校训文化教育，由学校领导、著名教授等以不同方式向新生讲述中大传统和中大文化，宣扬学校形成的革命性、科学性、开放性的优良办学传统。组织社会公益实践项目，如"研究生支教团"、暑期"三下乡"、"健康直通车"、义务维修家用电器、关爱留守儿童等公益实践。让师生在知行统一、学以致用中笃行校训，传播和培育社会主义核心价值观，营造文明进步的校园文化。

内化于心 外化于行

萧思健[1]

　　大学，是研究学问、探索真理的地方，肩负着"立德树人"的重大使命，也是培育和践行社会主义核心价值观的重镇。

　　1915年，复旦大学建校十周年之际，老校长李登辉将"博学而笃志，切问而近思"的校训写入复旦章程。作为建校的精神基石，一百年来，校训已内化为全体复旦人共同的精神指针，为之而不懈追求。它从诞生之日起就是全体复旦人的理想"胎记"，折射和彰显出复旦精神——"爱国、牺牲、服务、团结"的价值取向。

　　为了使校训真正成为传播社会主义核心价值观的有力途径，学校多措并举，注重内化于心，外化于行，发挥校训对社会主义核心价值观培育的强大助推作用。

一是注重符号塑造，培育校训的外化载体。

　　打造校训文化的标志性景观。如校庆90周年由李政道博士揭幕校训墙，百年校庆在新校区树立校训石，等等，此外还以校训命名楼堂馆所，如博学楼、静思斋等，并延伸至路名……这些与校训精神相互交融，让复旦人在校园漫步中接受潜移默化的教育。

1　萧思健生前任复旦大学党委宣传部部长。

将镌刻有校训的学校奠基石复制品作为校史馆的重要实物教材。通过校史馆参观和重点讲解，将近距离触摸校训作为每年新生入学教育和新教工入职教育等的重要环节。

将校训固化为学校重要的文化符号。复旦中文版校徽突出校训并进行徽标注册；把校训正式写入2014年《复旦大学章程》和《学生手册》《教师手册》，人手一份；新生入学通知书上将校训印在最醒目的地方，让新生能在第一时间了解和感悟校训精神；将校训纳入到学校视觉 VI 系统，作为名片、ppt、展板等模板的要素。

鼓励校训文化产品的原创性设计与开发。通过每年举办校名纪念品设计大赛，支持学子的校训创意作品，经由这些原创纪念品，让师生、校友和社会各界时时处处感受到校训文化的感染力。

二是加强宣传教育，促进校训的内化于心。

将校训解读作为每年新生入学和毕业典礼的重要内容。在今年6月27日2014届本（专）科生毕业典礼上，杨玉良校长在致辞的尾声再次谈及校训，号召全体复旦人努力成为一名知识分子，维护知识分子的尊严，遵守校训，使之成为终生受用的宝典。

在舆论主阵地开展校训教育。通过校报、《校史通讯》、广播台和校园网主页定期刊登专题文章和新生形势任务课等主渠道，重点灌输校训的来由、含义等，引导新生掌握校训的基本常识，对其内涵有清晰的认识。此外，近年来学校还利用新媒体开展教育，如将与校训有关的信息第一时间发布在复旦官方微博、微信上，开展师生校友"为校训点赞"等活动，让每一个复旦人都能深刻感受到校训经久不衰的魅力和与时俱进的时代精神。

举办校训系列活动。近年来学校组织了校史知识竞赛、校训校歌吟诵活动、教职工"我心中的校训"征文比赛以及开展复旦文化符号专项课题研究,引导广大师生员工主动探究和思考校训的当代价值和深刻内涵。启动了以校训关键词命名的师生学术研究计划,引导师生用校训精神指引学习和科研。

与祖国同行 以科教济世

徐建平[1]

　　大学校训作为大学精神的高度凝练和概括，既是抽象的，同时也是具体的。它的具体，主要体现在两方面，一是校训表达的最初典故，二是不同时期的师生在校训引导下的生动实践。因此，大学校训对于社会主义核心价值观的传播、培育与践行，有着特别重要的意义和作用。

　　同济大学的前身是1907年在上海创立的德文医学堂，1908年中文校名确定为"同济德文医学堂"。同济的先贤在为同济大学日后的发展壮大播撒种子、催生幼苗的同时，也植入了内核始终不变而又历久弥新的精神追求和文化基因。

　　两年多以前，学校开始了新中国成立以来的首部《同济大学章程》建设，在关于校训的讨论过程中，"同舟共济"得到了最广泛认同，并最终写入了章程。经过近110年的办学实践，"同舟共济"早已超越了典故中"共渡难关"的最初含义，逐渐丰富和深化为"追求"和"承诺"的集合体。对全体师生和校友而言，体现为大家"自强不息，追求卓越"，朝着建设以可持续发展为导向的世界一流大学的目标愿景不断前行。对国家、民族和社会而言，则体现为一份庄严承诺：始终

1　徐建平时任同济大学党委常委、组织部长，现任党委副书记。

把学校的命运，每一个老师和同学的命运同国家和民族的命运紧紧联系在一起，无论顺境还是逆境，都"与祖国同行，以科教济世"。

同舟共济的内涵，在师生持续深入的社会实践中得到了更加全面、生动的体现。改革开放初期，黄浦江上第一座大跨桥梁"南浦大桥"立项开建，在自主设计制造还是交由日本人设计建造的关键时刻，同济人挺身而出，自主设计建造并获得上海市主要领导的同意，由此开创了中国大跨、特大跨桥梁全部自主设计建造的光辉篇章。2010年上海世博会，从申办、筹备到举办，同济人更是以全方位、多层面的参与，谱写了"城市，让生活更美好。大学，为世博添光彩"的佳话。2005年底，同济大学与校园所在的上海市杨浦区地方政府达成合作，共同建设"环同济知识经济圈"，产值从2005年建设初期的不足30亿元跃升到2013年的220多亿元，开创了"三区联动，融合发展"的典范。

传播、培育和践行社会主义核心价值观，非常重要的一个方面是要充分发掘"身边事的教育"和"身边人的感动"作用。大学校训以及办学过程中师生在实践中不断涌现的典型事例和先进人物，正是难得的既鲜活又感人的素材。多年前，同济大学开始编创以李国豪老校长事迹为素材的"学之师表，国之英豪"朗诵专场，从2012年开始每年多次公开上演，在广大师生特别是新生教育中，取得了良好的校史校情教育作用。现阶段，以校内艺术类学院师生的专业力量为主要依托，学校正在加紧编创一部以校训为承载的题为《同舟共济》的舞台剧。这也是同济大学在大学校训与核心价值观传播的结合点上作出的最新努力。

"交通"为名　"大学"为道

胡昊[1]

　　校训是一所学校对于本校教师、学生的一种最高层次的精神训诫。大学校训应是大学文化本质特征最概括、最简约、最凝练的体现。上海交通大学创办110多年以来，各个历史时期的校训表述虽几经更动，各有侧重，但在思想内涵上却一脉相承，一以贯之。

　　南洋公学时期的校训，来源于学校为外院（附属小学）学生制作的《四勉歌》。其中的"四勉"即为"和厚、肃静、勤奋、整洁"。1910年，学校转为商部上海实业高等学堂以后，校长唐文治提出了"勤、俭、敬、信"的校训。20世纪20年代初，交通大学合组成立后，沪校主任张铸向新生提出"勤、慎、忠、信、恒"的训诫，最终被定为交大校训。20世纪20年代后期，交通大学先后隶属交通部和铁道部，拟定校训为"精勤求学、敦笃励志、果毅力行、忠恕任事"。至20世纪90年代初，上海交大提出了"饮水思源"的校训。2006年1月11日，学校第五届教代会第二次会议上通过《上海交通大学章程》，其中第6条明确规定："本校的校训是：饮水思源，爱国荣校。"

　　饮水思源，爱国荣校。八字箴言，深意至多。它既是交大人在"小我"层面最自然、最朴素的感恩回馈情怀，又是在"大我"层面对社会主义核心价值观的紧密呼应与精彩演绎，凝聚着交大人对自然、人

1　胡昊为上海交通大学党委宣传部部长。

文和社会深厚浓重的历史观。

首先是长饮知识之水，常思师恩之源。校友江泽民曾说："尊师重教是中华民族的优良传统。"他曾经给顾毓琇老师写过一首诗："重教尊师新天地，艰辛攻读忆华年。微分运算功无比，耄耋恢恢乡国篇。"饱含了他对老师才学品格的赞誉与钦佩。

其次是长饮科技之水，常思致远之源。盛宣怀办理南洋公学时就提出："窃惟时事之艰大无穷，君子以致远为重。"校长黎照寰则教导学生："才识丰，体力雄，志行高，具此三者，始能任重致远，为国效劳。"2006年4月公布的《上海交通大学章程》提出了学校的使命："以世界一流大学为目标，以传承文明、探求真理、振兴中华、造福人类为己任。"

爱国荣校，这四个字带给我们的是沉甸甸的分量。交大110多年的历程中，无数校友用他们的一生诠释着这四个字。蔡锷打响了反袁的第一枪，茅以升建起了中国自己的第一座大桥。新中国诞生后，钱学森毅然放弃在美国优裕的工作和生活条件，冲破重重阻力，回国投身航天科技事业。他一生以国家为重，公而忘私，以科学为重，不计得失，研学至深，成就斐然。这就是交大人对"爱国荣校"最高境界的人生诠释。

"交通"为名，"大学"为道。作为一所有追求的大学，人才培养、科学研究、服务社会之交汇贯通是交大时刻践行的职责、本分和事业。交大人以探索与传播真理为己任，即使前路漫漫，荆棘丛生，交大人始终上下求索，从不懈怠。

"育人之纲"与"精神之气"

沈炜[1]

　　一所大学的校训，往往是这所大学的"育人之纲"与"精神之气"，是师生的"价值尺度"与"精神导向"。从这个意义上来讲，对大学校训中蕴含精神的解读与丰富，是培育高校青年学子树立社会主义核心价值观的重要抓手。

　　上海理工大学是一所具有108年历史的高校，其"信义勤爱，思学志远"的校训，不仅是中华民族优秀传统文化的传承，更是社会主义核心价值观内涵的多维阐释。"信""义""勤""爱"是中华优秀传统文化中守诚信、崇正义、尚敬业、讲仁爱的思想精华，也是学校师生对"信崇真理、义重仁厚、勤学实干、爱国敬业"的精神传承。"思"与"学"为立校之本，体现了学校教育本质的回归，对社会主义核心价值观的恪守。"志"与"远"则意在立志、崇远，重在培育青年学子的学识抱负。校训从"为人"的角度倡导"信义勤爱"，是要让师生首先意识到自己是一个社会人，要勇于担负起各方面的社会责任。进而从"为学"的角度倡导"思学志远"，是希望师生唯有思学相成、志存高远，才能最大限度地实现自身的学术理想和社会价值。八个字的辩证统一，共同构成了学校精神与社会主义核心价值观的互通共融。

1　沈炜为上海理工大学党委书记。

校训的故事·寻思录

209

上海理工大学在大学校训传播社会主义核心价值观方面，按照落实、落细、落小的原则，坚持明大德、守公德、严私德，内化于心、外化于行、固化于纲。

坚持理论自信，以校训为基点，把涵养社会主义核心价值观内化于心。结合习近平"五四"讲话精神的学习，在学校掀起"校训校风大家谈""上理精神与社会主义核心价值观大讨论"的热潮，把百年老校的文化渊源和社会主义核心价值观有效融合。加强校史资源开发，打造文化品牌。成立"沪江文化研究所"，出版了系列文化丛书，系统展示了学校的文化渊源和学术理想。把学校特有的办学传统、精神追求、理念制度和人文典故等编撰成生动的校本文化"教材"，利用大学生德育研究平台、领导力训练平台，将校本文化课纳入大学生德育课程体系。

坚持实践养成，以校训为载体，把践行社会主义核心价值观外化于行。深入研究，让校训成为涵养社会主义核心价值观的重要载体。6月份，学校与光明日报社、上海市教卫系统思想政治工作研究会联合举办了"大学校训与社会主义核心价值观"理论研讨会，通过探讨校训精神与社会主义核心价值观的内涵、关系，进一步提升了学校师生的价值认同和文化自信。邀请知名校友讲述"校训与人生"，诠释校训对学校不同历史时期产生的重要引领作用。开展"身边的感动"好人好事评选活动，加强宣传，凝练校训的故事与社会主义核心价值观的传播点。重视实践引导，强化仪式教育，完善人格养成。充分利用入学、毕业、节庆日、纪念日等重要时间节点，开展仪式教育活动。充分发挥志愿服务、公益帮困、社会实践等载体完善大学生人格养成。

对于上海理工大学来说，还要不断优化大环境、精细小氛围，加强资源开发，加强校本文化和社会主义核心价值观的融合，通过课程"硬指标"与文化"软环境"的协同作用，完善激励体系，提高校训传播社会主义核心价值观的实效。

在知行合一中弘扬校训精神

王明生[1]

校训既是大学历史文化的积淀，是大学发展理念的集中表达，也是国家、民族价值观的体现。因此，大学校训同核心价值观有着内在的价值关联。在培育和践行社会主义核心价值观的实践中，我们将校训同社会主义核心价值观有机联系起来，赋予传统校训以时代内涵，赋予社会主义核心价值观以历史底蕴。

"诚朴雄伟"原是中央大学时期的校训，"励学敦行"是我们从中国古代前贤名句中选取而来。将"诚朴雄伟"与"励学敦行"两句合为一起作为今日南京大学的校训，既反映了我校的优良传统与特色，又能体现学校办学的理想追求和实现途径。八字校训既各自独立成意，各有侧重，又相互联系，浑然一体，涵盖了教育思想、科学精神、品格修养等各个方面。

"诚朴"是南大传统精神中最本色的东西。"诚朴"是诚恳朴实的意思，其中"诚"是核心，是根本。"诚"是维系人类社会的最高道德规范，也是中国传统文化的精神内核，它涵盖了社会主义核心价值观中"爱国、敬业、诚信、友善"所表达的意义。对国、对业、对事、对人都要"诚朴"，离开了"诚朴"也不可能真正树立"自由、平等、公正、法治"的价值理念。

---

1 王明生为南京大学党委常委、宣传部部长。

"雄伟"是雄壮而伟大的意思，为人、为学要有远大志向，立志"做得大事"，养吾浩然之气，要有崇高的责任感、使命感，将个人奋斗的目标与国家的发展、人类的进步紧密结合起来。教育大学生要有"雄伟"之志，就是培育大学生的国家精神，在社会主义核心价值观中就是"富强、民主、文明、和谐"的价值目标。

　　如果说"诚朴雄伟"体现的是办学理念与目标，那么"励学敦行"强调的则是实现目标的途径与手段。"励学"就是勉励师生勤奋求学，要求为学者勤于自勉，刻苦磨砺，注重知识的学习，素质的提升，品格的塑造，精神的超越，心灵的净化，思维的创新。"敦行"就是勉力去做，强调动手的能力、实践的作风和对道德的践履。坐而论道、光说不做，只能是语言的巨人、行动的矮子。为学者不仅要志存高远，而且还要身体力行，在实践中展现自己的知识与品格，远大抱负只有通过脚踏实地的行动才能实现，只有认认真真、实实在在地行动并在行动中勇于开拓创新，只有将知和行、理论和实践、认识世界和改造世界统一起来，才能算是完整意义上的人，才能算是对社会有贡献的人。

　　我们用"励学敦行"引导大学生自觉践行社会主义核心价值观，鼓励广大同学深入实践、感知社会，使他们认识到社会主义核心价值观不是抽象的12个词，而是国家富强、民族振兴、社会发展、人民幸福的价值标杆。

将校训精神落实到校园文化建设中

应飚[1]

校训是一所大学对其文化传统和精神的高度概括和集中展示。不同大学的校训反映出不同学校的历史传统、文化内涵、文化精神及价值追求，体现了大学源远流长的文化底蕴和独特鲜明的精神气质，为培育和践行社会主义核心价值观提供了生动载体。

1938年11月19日，竺可桢在广西宜山主持校务会议，正式将"求是"定为浙大校训。竺可桢将"求是"精神阐释为"明辨是非，追求真理"，强调"求是"就是"奋斗精神、牺牲精神、科学精神"。1988年，路甬祥担任浙大校长，强调"求是系治学之本，创新乃科技之源"，并于1988年5月5日主持校务会议，决定以"求是创新"为新时期浙江大学校训。

对于高校来说，要使校训倡导的精神和理念深入到师生的心中，关键还是要将校训精神落实到校园文化建设中。在新生始业教育和新教工入职培训环节，学校会专门安排师生参观校史馆、发放校史读本，使校训成为师生立身行事、从教求学的准则。另外，结合学校实际和办学特色，利用学校网站、校园广播电视、校报等宣传媒介提高校训的知晓度和接受度。学校还通过深入开展"我们的价值观"大讨论，加强学校文化特质研究。校内外公演原创话剧《求是魂》

1　应飚为浙江大学党委宣传部部长。

等系列校训特色活动，也大大增进了广大师生对校训的认同。同时，学校还要求学生在毕业典礼上重温校训，让退休教职工在荣休仪式上感悟校训。

通过深入挖掘本校的传统，师生对校训内涵的理解更为深刻，也使校训成为践行社会主义核心价值观的价值主体。

深入发掘校训的价值意蕴

林东伟[1]

大学校训高度浓缩了大学的办学理念、治校精神和文化历史传统，凝练和弘扬校训精神，是推动社会主义核心价值观在大学本土化的重要手段。

厦门大学有着近百年的办学历史，"自强不息 止于至善"的校训，始终伴随着中华民族艰苦卓绝的伟大复兴历程，体现着对中华优秀传统文化的传承与创新。

多年来，厦大通过环境固化、文化传播、日常教育等环节，让每个厦大人切身感受校训精神。学校在校园规划、建筑设计中融入校训元素，铭刻于校舍之上、浮雕之中，构成了一道独特的校园景观。学校把各个办学时期模范践行校训精神的先贤事迹凝练为"四种精神"，即陈嘉庚先生的爱国精神，罗扬才烈士的革命精神，以萨本栋校长为代表的艰苦办学的自强精神，以校长王亚南、教授陈景润为代表的科学精神，"四种精神"与校训精神一脉相承，成为弘扬校训精神的独特载体。通过建设校史馆、陈嘉庚纪念馆、罗扬才烈士陵园、福建省第一个党支部遗址等文化场馆，出版校史系列丛书，创作话剧《陈嘉庚》等校史剧目，用先贤事迹弘扬校训精神，感召师生校友。同时，将校训和"四种精神"教育列为学生先导课程必修课，成为新生入学

1　林东伟为厦门大学党委副书记。

教育以及新进教职工培训的"第一课"，并充分利用校庆、迎新、毕业典礼等仪式不断诠释和升华校训精神。

要使大学校训更好地传播社会主义核心价值观，就必须充分宣扬校训所凝结的一所高校的历史文化，挖掘校训的文化内涵及价值意蕴，在传统与现代、昨天与今天的历史联系中探索校训与社会主义核心价值观的契合点，凭借校训积淀下来的丰富精神财富，将社会主义核心价值观教育融入人才培养、科学研究、社会服务与文化传承创新中，落实到立德树人全过程。

坚守校训 传播校训

李平生[1]

作为大学价值观的校训，与中华优秀传统文化和时代精神内在契合，其义理也一脉相承。大学校训为社会主义核心价值观注入了丰富内涵，社会主义核心价值观则为大学校训提供了思想引领。坚守和传播校训，是大学培育和践行社会主义核心价值观不可或缺的重要途径。

山东大学校训虽然凝练形成于2002年，成熟完善于2011年的110周年校庆之际，却是山东大学100多年文化积淀的集中体现，更是山东大学立足新世纪、办好人民满意的高等教育的价值追求。

成立于1901年国家危难之际的山东大学堂，不仅在当时承载着救亡图存的历史使命，而且在以后的发展中，一直践履着立德树人的教育圣责。100多年来，山东大学坚守"为天下储人才，为国家图富强"的办学宗旨，形成了"崇实求新"的校风，并逐步凝练和确立了"学无止境，气有浩然"的校训。

"学无止境"意在"为学"，不仅是指对知识和技能的追求，更包含了对道德情操和精神境界的追求。"气有浩然"意在"为人"，是以大义大德造就一身正气，体现了孟子所指的"富贵不能淫，贫贱不能移，威武不能屈"的高尚品格。"学无止境，气有浩然"的校训以

1　李平生为山东大学党委宣传部部长。

永不满足的执着精神激励广大师生在学术和人生的历程中勇于登攀，不断追求文化知识、技术能力、人文素养和道德情操的完美境界。

在一个多世纪的办学历程中，山东大学培养了40余万国家栋梁和社会中坚，其中有革命先驱、抗日名将、共和国元帅，近百位两院院士，十余位党和国家领导人，百余位部长、省长，大批艺术名家、世界冠军以及商界领袖。

在校训的引领下，一代代山大人踔厉奋发、薪火相传，不断丰富完善山大文化内涵。在社会主义核心价值观的指导下，山大校训将与时俱进，成为学校持续发展、创建世界一流大学的动力源泉。

宝贵的精神财富

胡勇华[1]

从建校早期的"朴诚勇""明诚弘毅"到今天的"自强、弘毅、求是、拓新",武汉大学的校训既一脉相承也与时俱进,是学校宝贵的精神财富和重要的育人资源。

武汉大学致力于把大学精神和校训精神有机结合、一以贯之。2013年,学校借120周年校庆这个契机,在广大师生及校友中深入开展了"武大精神"大讨论活动,通过充分研讨,最终形成的共识就是,武大校训精神就代表和体现了武大精神。李晓红校长对"武大精神"进行了阐释,就是匡时济世、奋斗不止的"自强"精神,是坚韧刚毅、志向超迈的"弘毅"精神,是朴实勤严、追求真理的"求是"精神,是锐意进取、勇创一流的"拓新"精神。

校训不应该是几句简单而刻板的文字,而是由许多生动感人的故事组成。借助讲述校训故事,更好涵养心灵,引领方向,不失为当下传播社会主义核心价值观的一条有效路径。

李晓红校长在武汉大学历年的开学和毕业典礼上,都会围绕"自强、弘毅、求是、拓新"的校训精神,给师生讲几个生动的校训故事,有李国平院士、高尚荫院士、谢鉴衡院士、王之卓院士、吴于廑教授、韩德培教授等治学为人、求知求真的故事,也有讲黄来女、赵小亭等

---

1 胡勇华为武汉大学党委宣传部部长。

大学生励志成才、乐于奉献的故事，还有校友陈东升、陈一舟、雷军、蔡洪等创业进取、造福社会的故事，给师生传递的是满满正能量，留下的是启发和思考。学校还长期开办校史讲座、素质讲坛、校友月等活动，学校媒体也长期开设"珞珈往事""校史钩沉"等栏目，给师生和校友开通讲述武大故事的平台。学校还把一些历史老建筑开辟为历史文化教育基地，集中宣传、讲述武大故事，让校训精神在一个个发人深思、感人至深的故事里深入人心，不断升华。

学校注重将校训精神文化与环境文化相统一。先后将学校四个校区的主干道分别命名为自强大道、弘毅大道、求是大道和拓新大道，并在校园显要位置设置了多块校训石，学校还将校训融入《武汉大学校歌》、《武汉大学师德铭》、武汉大学录取通知书、武汉大学主页等文化品牌之中，营造了良好的校训文化氛围。

共生 共融 共鸣

彭世文[1]

湖南大学起源于中国古代四大书院之一、创建于公元976年的岳麓书院。从古代的书院发展到现代的大学，它被称为中国高等教育发展的"活化石"。

湖南大学现在的校训是"实事求是，敢为人先"，经历了"忠孝廉节"—"实事求是"—"忠孝廉节、整齐严肃"—"实事求是、敢为人先"四个发展阶段。这些不同时期的校训，来源于深厚的中华优秀传统文化，凝聚着一代又一代学人的追求。作为当代校训，"实事求是、敢为人先"，既是湖大精神的高度凝练，也从另一个维度展现出社会主义核心价值观的思想内涵。

岳麓书院有着深厚的优秀传统文化。"忠、孝、廉、节"石碑刻于书院讲堂，为朱熹所题写。用现代价值重新诠释，"忠"就是要忠于国家和民族，体现心忧天下的爱国情怀，"孝"就是尊老和敬老，"廉"就是尚朴素而崇廉洁，"节"就是维护民族和个人尊严。

社会主义核心价值观提出了国家层面的价值目标、社会层面的价值取向和公民个人层面的价值准则，这要求我们一方面从国情出发，"实事求是"，另一方面也必须开创前人所未有的事业，要有"敢为人先"的精神。

1　彭世文为湖南大学党委宣传部副部长。

"实事求是"由当时工专的校长宾步程于1917年提出，既是一种治学方法，也体现湖湘学派经世致用的学风。1917年到1919年间，毛泽东曾三次寓居岳麓书院，"实是事求"对他的思想形成产生了深刻影响。"敢为人先"体现着湖南人"敢为天下先"的血性，是一种做事的态度。在湖大的课程体系中，《中国传统文化概论》是国家精品课程，其中就有专门的章节讲述岳麓书院与湖湘文化，讲述本校校训。

　　校训体现着科学精神和人文精神，它与社会主义核心价值观具有同构性、互补性和层次性。在一定程度上，大学作为培养高层次人才重要基地，其校训更富有个性，践行于教学、科研、管理、社会服务各个方面。它们之间共鸣必将有利于塑造大学独立自主的精神，弘扬社会主义核心价值观。

让校训成为涵养核心价值观的载体

——"大学校训与社会主义核心价值观"
研讨会发言摘要

　　校训根植于传统文化，是大学精神的凝练表达。校训中传递的价值信念，与中华民族优秀传统文化和时代精神，有着高度的契合。2014年4月，光明日报开辟《校训的故事》专栏，寻访一批知名大学和部分历史悠久的中小学"校训"背后的故事，从历史和现实两个维度展示校训的文化传统和正能量，引起热烈反响。

　　2014年6月24日，由光明日报社、上海市教卫系统思想政治工作研究会、上海理工大学联合举办的"大学校训与社会主义核心价值观"研讨会在上海理工大学举行。来自10所大学的专家学者和师生代表就挖掘和践行校训精神，培育和践行社会主义核心价值观展开进一步讨论。本版今日摘编部分发言，以期引起更多人关注好校训、传播好校训，让校训焕发新的时代光彩。

大学校训要有传承性与崇高感

光明日报总编辑　何东平

　　中国的高校历史最长的为百年左右，在过往的历史中，中国高校已经形成了自己的文化。校训作为一种传统文化，它如此触手可及，又具有很强的传承性。

为什么近段时间整个中国社会高度重视核心价值观问题？为什么高校不断地讨论大学精神问题？就是因为这些问题亟须解决。我们正处于社会主义市场经济发展阶段，众所周知，高等教育已经告别了以往意义上的精英教育，进入了大众化阶段。在这个情况下，高校在形势的驱使下，容易形成功利化的追求，这恰恰与大学精神不相符。在我们这个时代，提倡大学精神，是提倡大学要影响社会而不是简单地适应社会；是要培养整个社会的栋梁，而不是为了满足某种职业要求。从这个意义上说，我们探讨校训精神就具有很强的针对性。

　　校训和一般的校园文化或作品不同，它是师生员工对历史认识的最大公约数，同时要比最大公约数略高一点，具有一定的崇高感。没有哪个民族不讲信仰，个人的人生哲学、信条、谋略很难上升为信仰。任何时候都可以宣布于众人、可以向全世界公布的才叫信仰。校训背后是信仰，是整个国家、民族、人民的追求在高校层面的体现。所以我们可以为那些目前还没有形成校训的高校提供一些参考意见，校训不是简单地把学校办学想法归纳出来就可以，还要有崇高感，可以宣布于所有人，在高校之林有特色，让师生员工任何时候讲起来都能自豪、自信、自立。

用校训校风滋养青年心灵

清华大学教授　肖贵清

　　大学校训所承载的是一个学校的历史和文化底蕴，是高等院校办学理念和治学精神的集中体现，是学校的精髓和灵魂。"自强不息，厚德载物"是清华大学的校训，著名哲学家、国学大师张岱年曾经将其归纳为中华文化和中华民族精神的核心内容。

　　中华民族的优秀传统文化，也是我们所倡导的社会主义核心价值观的重要来源。大学应以社会主义核心价值观滋养青年学生的心灵。青年人的价值取向决定着未来整个社会的价值取向，要把大学校训为核心的校园文化与培育和践行社会主义核心价值观结合起来，做到"明校训、崇校风"，继而身体力行，大力推广到全社会，这是高校必须担负的重要使命。

用校训传播核心价值观

中国人民大学教授 刘建军

弘扬中华优秀传统文化和培育、践行社会主义核心价值观，两者是涵养和被涵养的关系，就是用传统的优秀文化涵养社会主义价值观。培育核心价值观，一是指进一步从理论上提炼和建构社会主义核心价值观；二是指对公民进行核心价值观教育，这两方面都需要"涵养"的作用。

涵养社会主义核心价值观，需要开辟文化和实践上的活水源头和多样化渠道。比如开展道德实践活动、深化群众性文明创建活动、开展弘扬优秀传统文化活动等，要进一步拓展涵养核心价值观的渠道，通过大学的校训文化传播核心价值观也是比较新颖、很有意义的一个方面，值得期待。

校训体现大学精神

复旦大学教授 高国希

大学，是一个研究学问、探索真理的地方，大学校训是大学精神的体现。很多百年老校的校训既融入了传统文化的精髓，又体现了与时俱进的时代精神，既拥有世界的视野，又彰显中国的情怀。

以校训作为切入点，对大学精神展开进一步的研究，是大学文化软实力建设不可或缺的途径之一。校训发挥着"润物细无声"的育人作用，简洁明了地告诉学生应该怎样做人，比如学校以校训作为道路的名称，能时刻提醒学生牢记校训的教诲，树立社会责任、国家担当和世界关怀。

校训和核心价值观一脉相承

南京大学教授　杨德才

大学，尤其是著名大学，往往是通过校训这种最简洁最凝练的方式让人了解这所大学的人文精神、办学目标。在当前中国各大高校，校训不仅展现了大学精神，而且也高度概括了社会主义核心价值观，校训和社会主义核心价值观是一脉相承的。党的十八大明确提出了24字的社会主义核心价值观，从国家层面、社会层面、个人层面三个层次来理解，公民个人层面的价值准则就是社会主义核心价值观的基础。大学作为公民价值观培养、传播最重要的阵地，既可以将社会主义核心价值观理念融入校训教育中，又可以通过师生的切身感受促进社会主义核心价值观教育。

核心价值观的特殊表现形式

南开大学教授　武东生

大学校训与社会主义核心价值观的关系，个人理解就如同马克思主义真理和中国实际相结合的关系一样非常有意义。大学校训是在大学探讨、培育和弘扬社会主义核心价值观的一个非常重要的途径。大学的校训显示着不同学校的教育特点，同时又标志着不同学校的特性。核心价值观传承着中国优秀的传统文化的基因，也寄托着近代以来中国人民历尽千辛万苦确立的理想和信念，同时还承载着我们每一个人美好的愿望。大学校训所集中体现的价值和标准，是社会所认同的价值观念的一种特殊表现形式，是社会主义核心价值观和高等学校具体实际上的结合。

校训与核心价值观契合共振

中山大学教授 钟明华

校训是大学精神文化皇冠上的明珠。校训所体现的大学精神从根本上讲，就是一种科学精神和人文精神，它与社会主义核心价值观具有同构性、互补性和层次性，它们之间的关系主要是一种精神的契合和效果的共振关系。大学精神和社会主义核心价值观契合的根基是"理性"。

在大学精神建设中自觉弘扬社会主义核心价值观需要遵循精神价值的生成和传播规律，找到有效的介质输送。一是要塑造大学独立自主的精神气息，以大学精神的独立性和卓越性弘扬社会主义核心价值观；二是要塑造大学师生的精神人格，使之成为践行社会主义核心价值观的价值主体；三是要塑造大学积极向上的社会文化，营造弘扬社会主义核心价值观的文化土壤。

大学校训直接影响青年的价值追求

上海理工大学教授 陈大文

大学校训是一所大学对其历史传统和文化精神的抽象表达，是大学之魂，直接影响着青年的价值追求，进而决定了未来整个社会的价值取向。挖掘大学校训的文化内涵及价值意蕴，探寻和思索大学校训与社会主义核心价值观的契合点，将二者有机结合起来，对培育和践行社会主义核心价值观具有特殊意义。大学校训是大学精神的高度凝练，对大学生的思想观念、价值取向和行为方式有着潜移默化的影响，具有重要的育人功能，是大学践行社会主义核心价值观的有形载体。

发掘大学校训的育人功能

上海市教育卫生工作委员会书记　陈克宏

高校是学校教育体系的高端和龙头，是文化传承创新的高地，肩负着立德树人的重大使命。充分发挥高校在培育践行社会主义核心价值观中的独特功能，切实加强对当代大学生的社会主义核心价值观教育，既是高校的责任所在，也是高校的光荣使命。

在高校众多的育人元素中，校训由于其高度浓缩了学校的办学理念、治校精神和文化传统等内涵，因而具有十分独特而有效的积极作用和深远影响。近几个月来，《光明日报》开设的"校训的故事"专栏，向我们生动展示了国内多所名校的校训在成就学校辉煌发展历程中的巨大作用和影响。这不仅为全社会从精神层面来认知我们的百年名校提供了很好的途径，也为高校更加自觉有效地发挥校训在强化社会主义核心价值观教育方面的独特作用提供了重要启示。

社会主义核心价值观的培育和践行，只有进行时，没有休止符。我们要持续不断地做好这项工作，贵在坚持知行合一、坚持行胜于言，在落细、落小、落实上下功夫，注意把社会主义核心价值观日常化、具体化、形象化、生活化，使每个人都能感知它、领悟它，内化为精神追求，外化为实际行动。充分挖掘与发挥校训在这个方面的作用和影响，是贯彻落实这一思想的很好的举措。如何在此基础上进一步完善相关机制与载体，使高校校训对师生和社会发挥更大的价值引领作用，值得认真探索实践。

开拓校训精神内涵

上海市委宣传部副部长　李 琪

校训，是体现一所高校历史人文价值底蕴之深厚的思想。训，称之为一种规范、规则，一种价值理念，它里面有很多哲学需要我们好好研究。一所好的大学不仅有大楼、大师，我认为更要有种大境界，这种境界就应该在校训当中有非常直观的、富有底蕴的展示。

发挥好校训的文化传承作用。习近平总书记指出，培育和弘扬社会主义核心价值观，必须立足中华优秀传统文化，使中华优秀传统文化成为涵养社会主义核心价值观的重要源泉。中国的大学已经走过了百年历史，焕发出不同的生机，这种生机主要有这么几个要素，第一，依赖于对优秀传统文化的继承，这是大学发展的根基和命脉；第二，在东西文化的交流当中，获得和而不同的文化发展；第三，大学文化背景、历史、创建理念也体现在校训中，我们要把背后的校训故事讲好，更加领悟到与时俱进的精神。

发挥好校训的价值引领作用。校训是大学传承下来的理想追求和行动指南，应当具体践行在教学、科研、管理各个方面，蕴含在大学的无形理念和有形制度规范中。习近平总书记在上海对社会主义核心价值观24个字做了非常精准的概括，叫"两化三德"："两化"即内化于心、外化于行，"三德"是明大德、守公德、严私德。大德问题讲的是价值目标，公德问题讲的是价值取向，私德问题讲的是价值守则。这就是我们当前进一步开拓校训精神内涵的价值引领。

校训关乎大学的软实力建设

东南大学副校长　林萍华

现在，大众化教育变得越来越关注职业，职业追求使大学教育缺乏对高等教育内在价值的关注。由此给我们带来的现实困惑是，大学的教育目标，是刻意提升学生的个人竞争力，为他们做好职业准备，还是着力打造优秀的公民，成就社会的整体福祉？

讨论大学的文化建设，如果不意识到这样的变化和困惑，会使我们远离学校的办学现实。以校训作为切入，就大学精神和核心价值的凝练、校园文化建设以及校风建设等问题展开进一步的研究与思考，是大学软实力建设不可或缺的重要途径。

大学不是职业培训所，而是一个国家、一个民族创造性思想的发源地，体现为服务长远需求的价值定位。重新梳理或强化大学精神，既要很好地吸收中国大学精神传统，借鉴西方大学的教育理念，同时，更要体现时代精神、体现大学服务性的行业精神。

校风、教风和学风是一所大学的灵魂和气质，是衡量和评价一所大学的办学品味、育人环境和社会声誉的重要标志；校风、教风和学风又是大学治理与文化建设的核心内容，是培养高素质创新人才的重要保障，是学校软实力的重要体现。高校必须重视、研究和参与校风、学风和教风建设，并建立学风教风建设的长效且可行的机制，这是提高高等教育质量非常重要的方面。由校训切入，展开对大学精神、校园文化和校风的深入思考与建设，十分必要，任重道远。

用艺术方式弘扬核心价值观

青年钢琴家　陈洁

做什么人，立什么志，具备什么样的道德素养，拥有什么样的世界观、人生观和价值观，作为培养人才、服务社会和传承文明的高校组织，肩负着关键性的任务。

我毕业于有着顶级音乐家摇篮之称的美国费城柯蒂斯音乐学院，

顶着如此光环的名校其校训朴实无华——"在实践中学习"——简明扼要地表达了完美来自于不断练习。党的十八大从国家、社会、公民三个层面,提出了24字的社会主义核心价值观,上海理工大学的校训"信义勤爱、思学志远"与社会主义核心价值观"爱国、敬业、诚信、友善"高度契合。

上海理工大学自2012年成立音乐系之后,以社会主义核心价值观为指引,结合科技与艺术,短短两年内不断在文理交叉的课程建设与实践性教学方面进行突破。音乐系师生两度获选参加由中宣部、教育部、共青团中央主办的《五月的鲜花——我们的中国梦》五四青年节全国高校优秀文艺作品展演,结合声光电技术与民族音乐的"中国梦"系列作品更是获得人民网网络投票"最受欢迎作品"。作品以艺术的手法将上海理工大学校训和社会主义核心价值观的精神带向全国。可见,用艺术的方式弘扬社会主义核心价值观,不仅可行,而且效果明显。

校训精神与核心价值观互通共融

上海理工大学党委书记 沈炜

一所大学的校训,往往是这所大学的"育人之纲"与"精神之气",是师生的价值尺度与精神导向。从这个意义上讲,对大学校训中蕴含精神的解读与丰富,是培育高校青年学子树立社会主义核心价值观的重要抓手。

上海理工大学是一所具有百年历史的高校,其"信义勤爱,思学志远"的校训,不仅是中华优秀传统文化的传承,更是社会主义核心价值观内涵的多维阐释。校训从"为人"的角度倡导"信义勤爱",

进而从"为学"的角度倡导"思学志远",既在个体层面融入了"爱国、敬业、诚信、友善"的优秀品质,又在社会层面贯穿了"自由、平等、公平、法治"的美好追求,进而激发大学生在国家层面追求"富强、民主、文明、和谐"的学习原动力。八个字的辩证统一,共同构成了上海理工大学的大学精神与社会主义核心价值观的互通共融,为培育和践行社会主义价值观提供了生动载体。

校训是一所学校的灵魂,深深地植根于中国传统文化的土壤之中,其内容和形式与传统文化有着继承和发扬的关系。弘扬大学校训精神,就是使校训精神蕴含的中华优秀传统文化成为涵养社会主义核心价值观的重要源泉。

发挥校训精神的思想引领功能,就是为培育和践行社会主义核心价值观提供因地制宜的思想土壤。发挥校训精神的文化认同功能,就是要弘扬校训精神中蕴含的中华优秀传统文化的思想精华和道德精髓。发挥校训精神的价值导向功能,有助于坚守高校的学术品质,营造"宽容失败、注重创新、聚焦前沿、倡导协同"的学术氛围,彰显大学的责任担当与经世致用情怀,践行社会主义核心价值观。

大学校训贵在坚守

华东师范大学党委副书记、副校长 任友群

能让学生铭记于心的校训绝不是靠文字的争奇斗艳,而在于让人能从校训这篇最短的文章中咀嚼出大学的味道。从《光明日报》刊发的《校训的故事》专栏,我们可以看到,名校校训的背后都有一些能让本校师生口口相传的故事,要么源于某位校长或某位先贤对办学理念和价值追求的思考,要么溯及大学与社会互动发展的某些事件或某段历史。就像每一位华东师大人提起师大精神,都能脱口而出首任校长孟宪承提出的大学理想——"智慧的创获、品性的陶熔，民族和社会的发展"。因此，校训是大学对其自身办学理念、人才培养目标和精神高度凝练的符号表征和个性表达。

校训之味，还赖于坚守践行。历经一定历史积淀后，大学校训已经和大学自身紧紧联系在一起，成为大学不朽的灵魂。校训的意义更在于践行，它不单是师生个体立身处世、从教求学的规范，更是学校坚守大学之道的"精神围墙"，引领着大学有所为和有所不为。咀嚼校训之味，品味的是大学的文化，回味的是信仰的力量。在校训变与不变的思辨之间，我们获得的是有所必为与有所不为的大学之道的深刻感悟。

以校训为抓手养成大学精神气质

复旦大学教授 王立诚

大学校训应该是大学办学宗旨的集中体现，而且是这所大学办学特色的昭示。校训所宣示的便是这所大学的价值取向，其中既有反映社会普遍期望的一般性价值取向，也有反映大学特定办学方针的特殊性价值取向。

在当今中国的大学中，追求学校规模的大而全、学术标准的高精尖似乎成为一种普遍趋势，对学生道德训育也空泛和流于形式，这使得中国的大学趋于雷同，所区别的只是是否"世界一流""亚洲一流""中国一流"或"某省一流"，忽视各校自身在知识传授和育人方式上的特色，许多大学的校训也往往缺乏对特殊性价值取向的宣示。

在当今中国的社会经济条件下，更普遍需要的是有特色的大学。因此，在积极培育和践行社会主义核心价值观，实现中华民族伟大复兴的中国梦的要求下，以在校训中明确大学的特殊性价值取向为抓手，形成符合大学自身条件和社会需要的办学特色，养成其特有的精神气质，不失为当今大学改革和发展的一个重要方向。

校训教我们做人做学问

复旦大学研究生　申宸

复旦校训是"博学而笃志，切问而近思"。这首先告诉我们的是做学问的道理，但绝不仅仅是做学问，还在教我们做人。

复旦校训是李登辉老校长在任时定下的，回答这个问题，我仍想借用先生的话。70年前，李校长告诫当时处于时代大变局中的复旦学生，你们"应当为社会服务，为人类牺牲"，"服务、牺牲、团结，这是复旦的精神，更是你们的责任"。这就是校训更深一层的意思，不仅仅是做学问，还应服务社会、服务国家，还要有"兼济天下"的社会关怀和家国情怀。

每个学校都有自己的"校训故事"，不同学校的校训，在文字不同的背后却有共同的内涵——都是做人做学问的道理。一所学校的精神并不在于他培养出了多少大师、精英，而在于普通的毕业生怎样去看待和践行校训教导他的道理。

『校训的故事』的故事

踏进校园，篆刻于石碑、悬挂于礼堂，或质朴、或简约、或凝重的校训，融古通今，精辟义达。

光明日报推出《校训的故事》系列报道后，唤起了高校师生的共鸣，让校训这一历久弥新的精神和文化载体，释放出更强的正能量，影响和触动更多正在校园或走出校园的人们坚持信仰、坚守信念、传承精神。

核心价值观宣传的生动载体

——《校训的故事》的故事

甄澄[1]

当莘莘学子踏进向往已久的校园，那篆刻于石碑、悬挂于礼堂，或质朴、或简约、或凝重的校训，融古通今，精辞义达，吸引着他们的目光。数年之后惜别母校，这寥寥数语已铭刻内心，成为前行的精神指引。

从岳麓书院的"忠孝廉节"，两江师范学堂的"嚼得菜根做得大事"，到清华大学的"自强不息，厚德载物"，南开大学的"允公允能，日新月异"，一个个校训传递的大学精神，成就了中国教育史上的一个个辉煌。

而今，校训更成为传播和滋养社会主义核心价值观的生动载体。

2014年4月25日起，光明日报率先推出《校训的故事》专栏，寻访报道一批知名大学校训的由来、传承和发展的故事，从历史与现实两个方面弘扬其所蕴含的精神和文化。截至目前，专栏已刊发27所知名学府的校训故事，唤起了高校师生的共鸣，使校训进一步成为引领和激励师生奋进的正能量。

"校训"如何成为光明日报聚焦的对象，从而为当前培育和践行

1　甄澄时任光明日报记者。

社会主义核心价值观的热烈氛围再添一抹亮色?

2014年4月1日，光明日报上海记者站在光明日报一内部刊物通报，他们在调研中发现，一些高校把校训与社会主义核心价值观教育对接起来，效果很好，不仅提高了师生对学校文化的认同，还成为核心价值观教育入脑入心的生动载体。由此，上海记者站建议，是否可借鉴光明日报《家风家教大家谈》专栏，开辟"校训大家谈"之类的栏目。

光明日报总编辑何东平十分肯定这一思路，认为这是一个好主意，将栏目名称确定为《校训的故事》。根据总编辑批示精神，报社新闻报道策划部迅即拟定了《〈校训的故事〉专栏策划案》，强调报道要通过"讲故事、溯历史"的形式，重点挖掘和反映校训的文化内涵及与核心价值观的内在契合。东平总编辑在方案呈报当日就批示要求抓紧做起来，并强调首篇一定要精彩。

经过深入采访和精心打磨，由上海记者站记者采写的首篇报道《"博学而笃志，切问而近思"——复旦大学校训是如何滋养复旦与复旦人的》，4月25日在光明日报一版刊发。报道一经推出，反响热烈。之后，《大哉一诚天下动》《"公能校训"的"济世情怀"》《海纳百川 取则行远》等佳作不断，武汉大学、厦门大学、浙江大学、湖南大学、安徽大学，数十所名校"纷至沓来"。透过光明日报，知名学府的"历史基因"和"精神之气"主动呈现在读者面前。

《校训的故事》推出后，得到领导同志和广大读者的充分肯定和赞扬。与此同时，光明日报分别于6月、7月两次召开研讨会，先后聚集多方专家学者，围绕校训传播和滋养社会主义核心价值观献言建策。

2014年6月24日，光明日报与上海市教卫系统思想政治工作研究会、上海理工大学联合举办"大学校训与社会主义核心价值观"研讨会。与会者一致认为,校训根植于传统文化,是大学精神的凝练表达,应充分发挥校训在文化传承、人格塑造和价值引领方面的作用,使其成为涵养社会主义核心价值观的生动载体。

2014年7月28日,中宣部、教育部、光明日报社又在清华大学联合举办"大学校训传播社会主义核心价值观"研讨会。来自清华大学、中国人民大学、北京师范大学、北京理工大学等20所高校的有关负责人,对校训传播社会主义核心价值观的经验和成效等方面进行深入交流和研讨。有高校负责人在发言中生动地说:"应该为光明日报这组报道点个赞。"中宣部副部长王世明,教育部党组副书记、副部长杜玉波,光明日报总编辑何东平在研讨会上讲话和发言。

不久,人民日报、中央电视台等其他中央媒体也相继推出有关"校训"的栏目和专题。至此,发端于光明日报的校训报道,成为社会主义核心价值观宣传的又一鲜活议题和生动载体,在校园里、师生中乃至全社会,渐渐兴起一股热议校训、学习校训、践行校训的优良风气。

日前,根据东平总编辑把该"校训"报道作出更大影响的要求,报社新闻报道策划部又先后起草了《关于进一步办好〈校训的故事〉专栏报道方案》和《关于深化校训报道的方案》,并迅速付诸实施。在加大"校训的故事"专栏采写和刊发力度的同时,"校训的故事·忆述"系列文章、"校训传播核心价值观·寻思录""校训文化专家谈"等子专栏和新系列,也相继推出。可以说,通过名家忆述、学者评析、师生体悟等多种形式,光明日报进一步设置多层议题,使校训报道更加多元丰满,使校训涵养社会主义核心价值观更加深入生动。

"走出大学大门，已逾半个世纪，而母校校训，一直像母亲的叮咛，时时在我耳边回响。"历史学家王春瑜在为光明日报撰写的回忆校训的文章《母亲的叮咛》中，这样动情地说道。

　　期待通过新闻媒体的宣传报道，让校训这一历久弥新的精神和文化载体，能够释放更强的正能量。影响和触动更多正在校园或走出校园的人们坚持信仰、坚守信念、传承精神，将社会主义核心价值观内化于心、外化于行。

让校训焕发时代光芒

曹继军　颜维琦[1]

现下，"校训故事"以各种角度在多家媒体陆续呈现，颇有燎原之势。而当初，我们在上海理工大学发现的线索，只是星星之火。

2014年春节后，记者在上海理工大学召开的一次座谈会上获悉，学校正在探索以校训精神为载体推动社会主义核心价值观教育。

大学生群体是培育和践行核心价值观的重点人群。对这个群体实现有效的价值观教育和引导，关键是直抵他们的内心，引起共鸣。记者一直关注高校在这方面的做法，希望发现可资借鉴、可供推广的经验。上海理工大学就在这时闯进了我们的视野。

上海理工大学党委书记沈炜和校长胡寿根告诉记者，上海理工大学1916年就提出了"信义勤爱"的四字校训，与社会主义核心价值观公民层面的价值准则高度契合。百年历史蕴含着丰富的文化资源，特有的办学传统、精神追求、制度理念和人文典故等都是核心价值观教育的鲜活内容。

带着发现的激动，我们走出了上海理工大学，并在她的近邻复旦大学得知，复旦也将校训作为核心价值观培育的重要助推元素。

从两所高校的发现出发，结合平时对多所大学校训的了解，我们认为，许多高校的校训精神与社会主义核心价值观的内涵高度契合，

1　曹继军、颜维琦为光明日报记者。

可以成为高校培育核心价值观的鲜活载体。

我们将了解到的信息和想法汇报给报社。几天后就接到通知：报社将开设《校训的故事》专栏。上海记者站承担开篇之作——复旦大学的写作任务。编辑部要求1500字，"文字要生动，有历史感，要通过讲故事、溯历史的形式，对校训的由来、传承及发展进行充分展现，重点挖掘和反映校训的文化内涵及与社会主义核心价值观的内在契合"。如何达成要求，写出合格的稿件？

既然我们从大学里发现了"校训的故事"，那么，写作的灵感也要到大学里去找。复旦大学校长杨玉良院士说，校训不是放在那里给人看的，要把校训落实到工作中去。复旦大学近些年的改革举措，比如在全国高校中率先开展的通识教育，就与校训和校歌的内涵吻合。

采访过校长，又采访了师生、校友，我们有了这样的感受：校训不仅是复旦的历史积淀，更在复旦的改革前进中体现出当代价值。终于，专栏第一篇报道《"博学而笃志，切问而近思"——复旦大学校训是如何滋养复旦与复旦人的》完稿了。

讲校训故事 品核心价值观

——光明日报《校训的故事》专栏策划评析

王君超[1]

2014年4月开始,光明日报开辟《校训的故事》专栏,寻访大学校训背后的故事,从历史与现实的维度展示"校训文化"的正能量,引起了社会的热烈反响。2014年6月12日,中宣部部长刘奇葆在该报调研时充分肯定专栏深入挖掘校训背后承载的文化传统和正能量,很有文化特色和思想内涵。此后,中央主流媒体纷纷开设相关专栏,挖掘校训文化的深层内涵。

一个既非突发事件,也非热点新闻的专栏策划,为什么会产生如此的社会效应?

选题:核心价值观与媒体定位的交集

新闻策划贵在符合媒介特性与时代需要。光明日报是主流媒体,承载的是主流价值观,弘扬社会主义核心价值观是其办报的题中应有之义。

从媒介定位来看,光明日报是一家具有独特编辑方针的主流媒体,即以传播教育、科学、文化为主,着力营造"知识分子的精神家

园"。突出人文内涵、品位高雅、风格清新是该报呈现的总体风格。它虽然也可以像其他主流媒体那样，依托政经与社会热点进行新闻策划，但差异化的竞争策略，决定了其策划的主导思想应该突出文化味。

《校训的故事》这一专栏选题，可以说命中了社会主义核心价值观与主流媒体媒介定位的交集。众所周知，校训是大学"三宝"之一，虽寥寥数语，却字字精警，一语道尽大学精神。校训也是校园文化的源泉和社会主义高等教育宗旨的具体体现，它体现出的精神气质，与时俱进，历久不衰。其对培养合格公民和创新人才的标榜，与社会主义核心价值观的内涵一以贯之。通过讲解校训故事，唤起人们对教育的关注，传承民族文化，光大时代精神，无形中将核心价值观融入校训的阐释中。因此，《校训的故事》这一专栏策划，无论对于报纸所承担的传播社会主义核心价值观的任务，还是对于弘扬报纸优势，张扬报纸特色，都具有较大的现实意义。

内容：与高等教育的律动同构

近年来，我国的大学形象屡遭诟病。一方面，大学校园不断爆出丑闻；另一方面，名校的任何负面信息，都会在全社会引起轩然大波。从公众心理来说，有"净土"之称的大学无疑被神圣化了；从新闻学角度来说，大学无疑被时代赋予了"公众兴趣"。在一部分人看来，大学乱象丛生，行政化、学术腐败、功利色彩浓厚，人文精神蜕化……似乎已经背离了高等教育的宗旨。那么，大学的教育宗旨究竟是什么？大学如何践行社会主义核心价值观、立德树人？这自然引起人们对"校训"的关注，通过校训文化追寻教育的意义，探讨大学之道，是传播学理论"使用与满足"的具体运用。

例如，北大人为什么那么富有民主和批判精神？清华人为什么那么脚踏实地、默默奉献？也许你会在这两所名校的校训中找到原因。一个是"爱国、进步、科学、民主"，另一个是"自强不息，厚德载物"。而由北大、清华、南开组成的西南联大，之所以浩气长存、群星闪耀，屹立战火8年而不倒，也与其"刚毅坚卓"的校训分不开。

　　光明日报策划的这一专栏，并非要为饱受质疑的大学正名，而是追本溯源，通过校训探讨大学的精神的由来，作为今日办学思路的镜鉴。大学的问题毕竟是暂时的，而大学的精神是永存的。在中国高校拥抱全球化、建设世界一流大学之际回顾校训文化，无疑具有正本清源和启发当下之效。

叙事：寓"大学味"于校训故事

　　策划的选题立意高远只是成功的一半，专题报道的成功，还要靠新闻报道的叙事方式。按照西方新闻学的逻辑，新闻是"讲故事"的艺术；而要讲好故事，就得挖掘出感人素材，并能在写作中体现出林语堂所谓的"大学味"。

　　为了讲好故事，增进传播效果和社会效果，编辑部特意开辟了"校训故事"和"忆述"两个分专栏，前者由记者讲故事，后者由教育大家与知名学者回忆校训的影响。比如，在《规格严格 功夫到家》一文中，与哈工大校训有密切联系的"铁将军""四大名捕"和"八百壮士"的故事引人入胜；在《学为人师 行为世范》一文中，北师大"校训碑"和启功的九条"上课须知"新人耳目；在《"实事求是 敢为人先"》一文中，湖南大学校训中"实事求是"四字，对毛泽东及毛泽东思想的影响更是引人遐思。

　　在《"自强不息 厚德载物"》一文中，著名学者胡显章教授不仅讲到梁启超与清华校训的关系，而且还提到"两岸清华同一校训"，从而使报道的视野开阔。有的报道还联系当今实际，对校训作出全新阐释。《历久弥新川大魂》一文在篇末提到了川大校长谢和平院士以"三种境界"解读该校精神。

效果：发挥校训文化的辐射作用

这次策划没有停留在"成功"二字，而是用研讨会和评论员文章等形式，辐射其他媒体，扩大报道效果。7月28日，光明日报及有关部门在清华大学成功举办了"大学校训传播社会主义核心价值观"研讨会。

此后，新华社、人民日报和中央电视台等主流媒体纷纷跟进，对这一话题进行纵深挖掘，在传播校训文化、弘扬社会主义价值观方面形成合力，从而扩大了传播效果。此外，《光明日报》还适时发表《校训承载中华民族核心价值观》的评论员文章，画龙点睛，升华了专题策划的意义。

为"校训的故事"点赞

——"大学校训传播社会主义核心价值观"
研讨会综述

靳晓燕　甄澄[1]

踏进向往已久的大学校园，学子们最先注意到的，往往是刻于石碑之上、悬挂于礼堂中央的训诫——校训。

"知行""实事求是""同舟共济""求是创新""自强、弘毅、求是、拓新""自强不息，厚德载物"……或质朴，或简约，或凝重，看一眼，就再也无法忘记。

光明日报从2014年4月25日起推出了《校训的故事》专栏，寻访报道一批知名大学"校训"背后的故事，通过讲述"校训"的由来、传承和发展，从历史与现实两个维度弘扬其所蕴含的精神和文化。截至2014年7月28日，专栏已刊发25所知名学府的"校训故事"，故事中的人和事引起了高校师生的共鸣，使校训进一步成为引领和激励师生奋进的正能量。

"应当为光明日报推出的《校训的故事》点赞！"在由中宣部、教育部和光明日报举行的"大学校训传播社会主义核心价值观"研讨会上，中山大学党委副书记李萍表示。

1　靳晓燕、甄澄为光明日报记者。

校训，让校园故事叠加一份厚重

清华大学的自强不息、厚德载物，南开大学的允公允能，浙江大学的求是精神，南京大学的诚朴雄伟……校训传达的是一种大学精神，也正是这种精神成就了中国教育史上最炫目的一页，无形与有形，精神与学术，信仰与遐想，执着与从容完美地重叠在一起。

"校训不应该是几句简单而刻板的文字，而是由许多生动感人的故事组成。"武汉大学党委宣传部部长胡勇华深有感触。

"它主要体现在两方面，一是校训表达的最初典故，二是不同时期的师生在校训引导下的生动实践。"同济大学党委常委、组织部长徐建平直言。

"20世纪50年代初，双眼已经完全失明的陈寅恪先生，仍然坚持为中山大学历史系开课。无法自己书写，便用口述的方式，逐字逐句请助手记录，历经十余年，最终在75岁之际完成了皇皇巨著——《柳如是别传》。以如此坚韧的方式笃行学术理想的诸多学人，正是中山大学的风骨和灵魂。"中山大学党委副书记李萍动情地说。

"爱国荣校，这四个字带给我们的是沉甸甸的分量。交大110多年的历程中，无数校友用他们的一生诠释着这四个字。蔡锷打响了反袁的第一枪，茅以升设计了由中国人造的第一座大桥，钱学森冲破重重阻力回国开辟了'两弹一星'历史新纪元。一生以国家为重，公而忘私；以科学为重，不计得失，研学至深，成就斐然。这就是交大人对'爱国荣校'最高境界的人生诠释。"上海交通大学党委宣传部部长胡昊表示。

校训，正是一所大学的"育人之纲"与"精神之气"，是师生的"价值尺度"与"精神导向"。

历史"基因"：外化于形，内化于心

校训墙、校训石、以校训命名的楼宇、路名，这些与校训精神相互交融，不仅仅是一种追寻与回忆，还是呼唤，是传承，是发扬，更是学子们共同的精神旨归。

在复旦大学，校训固化为学校重要的文化符号。复旦大学党委宣传部部长萧思健告诉人们，学校已将复旦中文版校徽进行了徽标注册；把校训正式写入2014年《复旦大学章程》和《学生手册》《教师手册》，人手一份；新生入学通知书上将校训印在最醒目的地方，让新生能在第一时间了解和感悟校训精神；将校训纳入到学校视觉 VI 系统，作为名片、ppt、展板等模板的要素。

南开大学党委宣传部副部长张健表示："老校长张伯苓指出：'允公，是大公，而不是什么小公，小公只不过是本位主义而已'；'允能者，是要做到最能，要建设现代化国家，要有现代化的科学才能'；'日新月异'则是'每个人不但要能接受新事物，而且还要能成为新事物的创造者；不但要赶上新时代，而且还要能走在时代的前列'。这个解读在今天看来也是非常具有现实意义的，如果把'公'理解为在国家层面不断追求富强、民主、文明、和谐，在社会层面不断追求自由、平等、公正、法治，把'能'理解为在个人层面涵养爱国、敬业、诚信、友善的品德，培养报效国家、服务社会的能力，'公能'校训便可谓社会主义核心价值观的'南开表达'。"

庄重的毕业典礼，会让每个中大毕业生都铭记一辈子。从2007年开始，中山大学将诵读孙中山所做的毕业训词加入到仪式中。毕业训词与校训精神一脉相承——"学海汪洋，毓仁作圣。大学毕业，此其发轫。植基既固，建业立名。登峰造极，有志竟成。为社会福，为邦家光。勖哉诸君，努力自强。"

毕业季，邀请杰出校友出席毕业典礼，与毕业生分享他们"笃行"校训，感恩社会，服务国家与人类的实践与体验。正如中大图书馆馆长程焕文教授所言：无论是"校训"，"祖训"还是"家训"，他们都是长辈对于晚辈的深切希望和谆谆教诲。

践行：让校训深入学生灵魂深处

"一所大学的校训不是凭空产生的，是在学校的历史中逐步积淀和凝练的。"中国人民大学校长助理郑水泉娓娓道来，校训是核心价值观在高校日常化、具体化、形象化的直观表现，是核心价值观落小、落细、落实的重要载体。

在上海理工大学党委书记沈炜看来："对大学校训中蕴含精神的解读与丰富，是培育高校青年学子树立社会主义核心价值观的重要抓手。"

在北京师范大学，搭建了志愿服务、心理健康、书香校园、学术科研等交叉纵横的校园文化复合体系，使得广大师生真正以校训精神为鞭策，养成了良好的学风、校风以及优质的校园文化环境。

在南开大学，学校把实施"公能"素质教育确定为办学基本战略，提出要推动实现"三个转变"：在办学观念上，从"学科为本"转变为"学生为本"；在教育内容上，从"传授知识"转变为"发展素质"；在培养模式上，从"以教为主"转变为"以学为主、教学相长"。

在天津大学，每年开展的"校史演绎大赛"，设立以学校历史人物命名的"宣怀班""含英班""天麟班"等高层次人才培养平台，面向社会举办"海棠季"校园文化展示活动；开展"天大故事"的征集活动，支持开展院系史挖掘整理工作，让高校成为社会主义核心价值观的传播者、弘扬者。

在武汉大学，把校训融入《武汉大学校歌》《武汉大学师德铭》、录取通知书、武汉大学主页等文化品牌之中。学校还通过大型校园话剧《西望乐山》的公演，让大学校训精神有效传播到社会，为社会提供有益的精神滋养。

清华大学副校长邱勇表示，要进一步探索大学校训与社会主义核心价值观的契合点，加强校史、校情教育，开展丰富多彩的校园文化活动，不断赋予校训精神新的时代元素，让广大师生对校训精神内涵有更加清晰的认识，进而增强对社会主义核心价值观的认同感，自觉做社会主义核心价值观的践行者、传播者。

校训，打上大学精神的烙印

靳晓燕　高田[1]

铭记与遗忘之间，少了什么？

神奇的组合，几个字串在一起，历经风雨，仍历久弥新。

"自强不息，厚德载物""博学而笃志，切问而近思""止于至善""博学、审问、慎思、明辨、笃行"……这就是校训，浸润在每一个学子的血液里，形成不同于他校、他人的精神气质。

意味深长的校训，自有它的过往。

"自强不息，厚德载物"，这是清华大学的校训。它源于1913年，梁启超题为《君子》的演讲。他用周易六十四卦的乾坤两卦的卦辞来说明君子品格的基本内涵："乾象曰：'天行健，君子以自强不息。'坤象曰：'地势坤，君子以厚德载物。'推本乎此，君子之条件庶几近之矣。乾象言，君子自励犹天之运行不息，不得有一暴十寒之弊。坤象言，君子接物，度量宽厚，犹大地之博，无所不载。君子责己甚厚，责人甚轻。"在他看来，能养成这样君子品格的学生必将成为国家的中流砥柱、社会的表率。

百余年来，它滋养、砥砺了一代又一代的清华师生。这正是校训简洁之中的深厚。

然而，并不是所有的校训都让人难忘。翻读中国不同大学的校训，

常常会看到一些眼熟的高频词："创新""求实""勤奋""博学""团结"自在其中。"大学校训用语形式的单一化由此可见。"有专家直言。

一项针对国内256所高校的调查显示，高校校训同质化、标语化现象严重，一些校训在师生中的认同度降低，感召力不足。

"记得读大学时，湖南师范大学原来的校训是'勤勉严谨、求实创新、团结奋进、献身教育'。这十六字校训给人的感觉是过于实在，展示出来的是一种平面化的伦理要求，缺乏一种精神，一种灵魂深处的感召力。"湖南师范大学教授刘铁芳回忆。

这种感觉在2006年时却改变了。"2006年，湖南师范大学于湘江河畔重修校门，学校主事者从国立蓝田师范学院的历史中搜寻到曾经的校训'仁、爱、精、勤'，刻于其侧，颇让人耳目一新。每每打旁边路过，总不免多看上一眼。"刘铁芳说。

校训建立在学人的文化精神高度之上

这四个字为何一下子抓住了刘铁芳？

"'仁、爱、精、勤'这四个字，实际上就体现了大学精神之基本框架：以'仁'为核心，以'爱'为原则，以'精'为目标，以'勤'为路径。'仁、爱、精、勤'不是一种对个人生命存在的具体实在的规定，那样的规定本身就局限了大学对人格卓越之无限追求的可能性，而是以非具体的形式对生命精神的内在激励。这个精神架构不仅具有明显的历史与文化意蕴，更有着生动的生命与价值的哲学气质。这四个字的提出，代表着一种具有鲜明中国文化意味的大学精神理想的框架，对大学生活具有鲜明的引领性。"刘铁芳从一个学者的角度思考。

虽无从准确考证出校训的提出者究竟是谁，但无疑这个校训汇集了那一代学人的心智。

那时候的国立蓝田师范学院可以说是群英荟萃，众多知名学者会集于此，其中有钱基博、钱钟书、廖世承、皮名举、孟宪承、陈传璋、高觉敷等著名学者。"仁、爱、精、勤"校训所体现的大学精神，正是建立在这群杰出的学人本身的文化精神高度之上的。

"时过境迁，物换星移，那一代大师早已随着国立师范学院的远去而消失在历史的深处。很显然，我们当下一些大学的校训和优秀的校训相比，其精神品格即大学精神的起点仍不算高。"刘铁芳说，当下，我们某些大学精神正趋向一种过于实用的潮流，缺少一种生命价值的引领，缺少一种历史文化的内涵，缺少一种个性。

西南大学唐智松教授曾对搜集的109所"211"大学的校训有过如此归纳：形式简洁、引经据典；形式上大多是四言二句，或二言四句，文字讲究工整、精炼、对仗。在主客关系上，突出主体、追求自强；在个群关系上，律己爱群、服务社会；在德才关系上，德才兼修、以德驭学。

其实，校训可以有多种表述形式，有对仗工整的，也可以有散文式的一句话，关键是深刻、有内涵、易记。唐智松曾表示，作为门类不同、专业有异、层次有差的各类大学在校训制定时，既要体现教育育人的本真共性，又要体现学校在学科门类、专业、价值取向、目标定位、培养模式等方面的特色。反观国内诸多大学校训中团结、勤奋、严谨等词语的高频率组合现象，可知特色的匮乏；对比一些著名大学在校训上的特色及其词语影响的穿透力，如哈佛大学的"要与真理为友"、剑桥大学的"求知学习的理想之地"、海德堡大学的"永远开放"等，更提醒我们中国重点大学的校训制定不能不考虑个性化的问题。

校训要活在学生生活中，避免口号化

"第一次看到完整的校训是在校史知识竞赛中，后来才知道校训和自强学堂、和武大历史的关系。我明白了校训不是领导决定的，而是由学校的氛围和特色、使命决定的。"武汉大学研一学生张宇萍告诉记者。"校训的载体仅仅是一句话，但其实是学校风气的凝练，这个风气无时无刻不在影响着你。就像一种励志箴言一样，一直都在心里，给人一种追求方向上的指引。比如武大人很爱跟自己较劲，很有理想，很正直，又有一点自由散漫的文人姿态，有一点自以为是的傲气。这就是学校对我们的影响。"张宇萍说。

"我是78级的北大学生。记得我上学的时候，冯友兰先生当时跟我们说，'我和你们是在同一个起点上讨论哲学'。他作为一个大家，自觉地把自己放在平等的地位上。包括今天北大校友聚会，对于成为官员的校友的尊崇程度也远远小于一些其他学校，这些就是北大文化在发生着作用，内化为我们个人的精神准则。"中国社科院研究员缪青表示。

缪青说，有生命力的校训要渗透到专业教育、日常生活、校园氛围中去，真正活在学生的生活中，避免校训的口号化、形式化。校训应该从教授、学生、学校历史、校园风气中提炼出来，真正植根于学生们的心中。开学致辞是校训精神的一次集中体现，但不应该仅仅由校长讲校训，还应该是全体师生一起对新生进行耳濡目染的传授、示范和渗透。

"就我本人的有限观察，中国真正的一流大学校训很少雷同。清华的校训众所周知。南大、复旦、南开、中山、武大、川大、苏大等有历史有底蕴的老牌大学校训基本上不错，当然也不雷同。"浙江大学教育学院蓝劲松教授表示，校训本身设计要准确深刻有个性，得到全校师生的认同。

最近，北京服装学院重新调整了校训，由过去的"严谨、勤奋、求实、创新"调整为"弘毅日新，衣锦天下"，令全校师生耳目一新。"弘毅"取自《论语》"士不可以不弘毅"，"日新"取自《礼记》"苟日新，日日新，又日新"，"衣锦天下"取自《易经》"垂衣裳而天下治"。校训勉励学子抱负远大、开拓创新、衣美天下。刘铁芳说，真正的校训，真正的大学精神，应成为一种大学的气象。重拾历史深处的校训，只能是大学精神重建的起点，今后的路更长，更艰巨。

后 记

　　党的十八大以来，光明日报立足自身的定位和特色，把社会主义核心价值观宣传报道作为核心任务，放在核心位置，作为报纸的基调和底色，突出文化特色，突出文化内涵，发掘典型，讲好故事，阐释理论，评析热点，使核心价值观宣传报道取得了新的令人瞩目的成绩。

　　编辑《核心价值观的故事》丛书的目的就是要对这些成绩作一番系统的梳理和展现，为践行和弘扬社会主义核心价值观提供借鉴和启示。首批编辑出版的有《家风家教的故事》《校训的故事》《新乡贤的故事》《地名的故事》《核心价值观百场讲坛（第1辑）》，将要编辑出版的有《座右铭的故事》《品牌的故事》《新邻里的故事》《劳模家书的故事》《宿舍文明的故事》等。丛书的主要内容来自报纸的报道和文章，但并非简单的照搬，而是经过精心的编辑和加工。

　　在"治国理政新实践"重大主题宣传报道中，光明日报组织优秀记者采写了《为国家立心 为民族铸魂——十八大以来党中央推进和深化社会主义核心价值观建设纪实》，对三年来以习近平同志为总书记的党中央培育和弘扬社会主义核心价值观的新理念、新思想、新战略、新实践进行了全景式报道和深入深刻的评析，现作为特稿，收入书中。

　　值此丛书出版之际，首先要特别感谢的是长期以来亲切关怀、精心指导、充分肯定光明日报核心价值观宣传报道的中央领导、中宣部和中央文明办等部门的领导。他们的关心和厚爱，是光明日报进一步推进和深化核心价值观宣传报道的不竭动力。

　　要特别感谢的是一直以来高度重视、亲自部署、大力推进核心价值观宣传以及丛书所收录各系列报道的光明日报总编辑何东平和光明日报编委会其他各位领导。何东平和光明日报副总编辑陆先高十分关心和支持丛书的编辑出版。何东平为丛书撰写的长篇序言，阐明了光明日报"把核心价值观宣传放在核心位置"的办报理念，总结了光明日报核心价值观宣传报道的经验，思考了创新核心价值观宣传的思路，对阅读这一丛书提供了有益的帮助。陆先高主持召开丛书编辑工作会议，为丛书的出版奠定了基础，指明了方向。

需要感谢的还有参与和支持丛书所收录各系列报道采写、文章撰写、稿件编发及相关工作的光明日报社办公室、总编室、评论部、科技部、教育部、文艺部、理论部、国内政治部、经济部、国际部、摄影美术部、记者部、新闻研究部、军事部、光明网等相关部门和国内外相关记者站的记者、编辑、工作人员以及社外各位领导、专家和作者。

光明日报新闻报道策划部相关编辑倾心尽力负责丛书所收录各系列报道的策划、组织和协调、落实，积极筹划和投入丛书的编辑和出版，他们付出了很多心血和辛劳，在此深致谢意。

光明日报出版社社长潘剑凯、常务副总编辑高迟对丛书出版给予热情关心和支持，责任编辑谢香、李倩为丛书的编辑出版表现出足够的耐心和细心，也一并表示感谢！

由于丛书编辑时间仓促，或存有错误，敬请各位读者批评指正。

图书在版编目（CIP）数据

校训的故事 / 袁祥，周立文主编. —— 北京 ：光明日报出版社，2016.4
（2019.10重印）（核心价值观的故事丛书）
ISBN 978-7-5112-9847-8

Ⅰ．①校… Ⅱ．①袁… ②周… Ⅲ．①故事－作品集－中国－当代
Ⅳ．①I247.8

中国版本图书馆CIP数据核字(2015)第310465号

校训的故事
XIAOXUN DE GUSHI

主　　编：袁　祥　　周立文

责任编辑：谢　香　李　倩　　　　　　　责任校对：傅泉泽

封面设计：杨　震　　　　　　　　　　　责任印制：曹　诤

出版发行：光明日报出版社　江西高校出版社

地　　址：北京市西城区永安路106号，100050

电　　话：010-67078248（咨询），010-63131930（邮购）

传　　真：010-67078227，67078255

网　　址：http://book.gmw.cn

E-mail：renqing339@126.com

法律顾问：北京德恒律师事务所龚柳方律师

印　　刷：河北鹏润印刷有限公司

装　　订：河北鹏润印刷有限公司

本书如有破损、缺页、装订错误，请与本社联系调换

开　　本：165mm×230mm

字　　数：182 千字　　　　　　　　　　印　　张：18.5

版　　次：2016年4月第1版　　　　　　　印　　次：2019年10月第3次印刷

书　　号：ISBN 978-7-5112-9847-8

定　　价：42.00元